coração
solitário

COLEÇÃO
jovens
inteligentes

Direção Editorial
EDLA VAN STEEN

Maria Adelaide Amaral

coração
solitário

global
EDITORA

© Maria Adelaide Amaral, 1996
2ª Edição, Global Editora, São Paulo 1997
3ª Reimpressão, 2012

Diretor Editorial
Jefferson L. Alves

Gerente de Produção
Flávio Samuel

Preparação de Texto
Sílvia Dotta

Projeto Gráfico e Capa
César Landucci

Ilustrações
César Landucci
Mauricio Negro

**CATALOGAÇÃO NA FONTE DO
DEPARTAMENTO NACIONAL DO LIVRO**

A485c
    Amaral, Maria Adelaide 1942- .
        Coração solitário / Maria Adelaide Amaral.
    – 2. ed. – São Paulo : Global, 1997.
    88p. cm. – (Coleção Jovens Inteligentes).

    ISBN 978-85-260-0541-9

    1. Amaral, Maria Adelaide, 1942- . – 2. Escritores brasileiros. – Biografia. I. Título. II. Série.

                                              CDD-928

Direitos Reservados

**Global Editora e
Distribuidora Ltda.**

Rua Pirapitingui, 111 – Liberdade
CEP 01508-020 – São Paulo – SP
Tel.: (11) 3277-7999 – Fax: (11) 3277-8141
e-mail: global@globaleditora.com.br
www.globaleditora.com.br

Obra atualizada conforme o
Novo Acordo Ortográfico da Língua Portuguesa

Colabore com a produção científica e cultural.
Proibida a reprodução total ou parcial desta obra
sem a autorização do editor.

Nº de Catálogo: **1986**

Este livro é dedicado às pessoas que colaboraram na minha formação:
– pais e mestres;
– parentes (alguns) e aderentes (muitos);
– amigos (inúmeros) e desafetos (criptos ou evidentes);
– aos que foram amáveis e aos repressores;
– aos que agiram com a melhor das intenções; e àqueles que não;
– a todos que participaram da minha vida naqueles anos (intermináveis) de conflitos, aprendizagem, tragicomédia e confusão.

MARIA ADELAIDE AMARAL

nasceu no Porto, Portugal, em 1º de julho de 1942 e vive no Brasil desde 1954. Fez curso secundário nos colégios Sagrada Família, Paulistano e Estadual de São Paulo; ingressou em 1968 no colégio de Ciências Sociais na Universidade de São Paulo, que abandonou em 1970; diplomou-se em 1978 na Escola de Jornalismo Cásper Líbero. Trabalhou na Abril Cultural de 1969 a 1989, onde foi pesquisadora e redatora de, entre outras, Enciclopédias Abril, Teatro Vivo e Enciclopédia Tudo a Conhecer Universal. Começou a escrever para o teatro em 1975 e teve sua primeira peça montada em 1978 (*Bodas de papel*). Entre suas obras dramatúrgicas destacam-se: *A resistência, Chiquinha Gonzaga, De braços abertos, Querida mamãe* e *Intensa magia*. Escreveu também dois romances (*Luísa* e *Aos meus amigos*) e uma biografia (*Dercy de cabo a rabo*). Recebeu numerosos prêmios e atualmente trabalha para a Rede Globo de Televisão. Foi coautora de algumas telenovelas, como *Meu bem, meu mal, Deus nos acuda* e *A próxima vítima*.

CORAÇÃO SOLITÁRIO foi um desafio (falar sobre mim) e um tributo (à adolescência). A ação transcorre em São Paulo entre 1955 e 1959, naquela época imediatamente anterior à revolução dos costumes dos anos 1960. A repressão e o conservadorismo marcam esse período que entretanto era extremamente ameno e agradável. A miséria ainda não tinha se transformado em paisagem urbana e a mídia incipiente abria um grande espaço à imaginação. O rádio e o cinema eram os grandes entretenimentos, a era dos audiovisuais ainda demoraria uma década para impôr seus padrões e operar aquela profunda transformação na forma de ver e pensar o mundo das gerações subsequentes.

Curiosamente, essas grandes transformações pouco afetaram o sentir, no que ele tem de básico e essencial. Estou falando da espécie humana, cuja vida decorre em períodos precisos e demarcados pela própria natureza. A adolescência é mais que um período intermediário entre a infância e a vida adulta. É um rito de passagem, é a fase em que damos a forma definitiva ao nosso caráter e aos nossos desejos. E esse processo é muito importante e muito difícil para que possa se operar sem dor. Adolescente sofre, adolescente procura a companhia de outros adolescentes porque sabe que só será perfeitamente compreendido por seus pares.

Eu fui uma adolescente atormentada por todas as angústias e inseguranças. No entanto, olhando para trás, sei que as bases daquilo que sou foram plantadas lá.

E é a todos os corações solitários que dedico este livro e também à Edla van Steen, que me pediu para o escrever. Sem essa motivação certamente não teria revolvido memórias e estranhas para escrevê-lo. Foi um prazer.

Na minha casa era assim: meu pai gostava de contar vantagem e minha mãe gostava de chorar miséria. Pode não parecer mas é uma dobradinha infernal, porque o velho dizia que tinha isso e aquilo, era amigo e fulano e beltrano, e minha mãe garantia que nossa família não tinha onde cair morta. Cada um atuava no seu estilo. Meu pai muito falante. Minha mãe chorosa ou silente. O pior era quando sobrava pra mim.

O velho cismou que eu tinha de fazer o curso ginasial num colégio religioso porque não gostava do tipo de frequência de escola pública. Mas como nunca havia dinheiro pra pagar a mensalidade, cabia à minha mãe

explicar a situação às freiras com a cara de mártir que ela sabia fazer na perfeição. Embora penalizadas, as irmãs não perdiam a oportunidade de sugerir que a minha permanência no colégio era uma extraordinária concessão. E porque se consideravam muito generosas gostavam de tornar pública a sua generosidade. Resultado: no recreio, sempre tinha meia dúzia em busca de informações.
– Verdade que seu pai tá muito mal de vida??
– Verdade que sua mãe falou pra Madre Superiora que vocês não têm dinheiro nem pra comprar comida???

E assim por diante, o que me deixava muito cabrera, pra usar a gíria da época, que significava p. da vida. Dava pra distinguir no grupo das curiosas as que me abordavam realmente preocupadas (as legais); as que se fingiam de interessadas só para obter mais informações pra comentar (as fofoqueiras); e as que aproveitavam o pretexto pra tripudiar sobre a situação (as sacanas).

– Por que sua família não coloca você numa escola mais barata, hein?
– Aqui mesmo no bairro tem um colégio mais simples. E as órfãs não pagam.
– Mas ela não é órfã, gente! É só pobre!
– Órfã, pobre, qual é a diferença? Não pode pagar e pronto!

Sacana é pouco pra elas. Mas escola é o *trailler* de um filme que depois vamos assistir até cansar. Acho mesmo que uma de suas funções é nos familiarizar com os personagens com quem iremos cruzar a vida inteira: o bom caráter, o mau-caráter, o que fica sempre em cima do muro, aquele que pisa, o que gosta de ser pisado, o fraco, o forte, o cara de pau, o ladrão, o maria vai com as outras, o mentiroso compulsivo, o contador de

vantagem, o chato, o herói, o rebelde, o quinta-coluna, o dedo-duro e o puxa-saco.
Pense na sua classe, olhe à sua volta no recreio. Deu pra identificar? Naturalmente cada um desses tipos apresenta uma grande riqueza de variações e modalidades. Duvida? Vamos conferir o último item, por exemplo. Só na sua classe quantas categorias você pode identificar? Nas minhas sempre houve pelo menos três.
Puxa-saco dos professores:
a) o simpático (também chamado de ocasional) – faz elogios graciosos à competência, elegância e beleza do mestre, fazendo questão de deixar claro aos colegas que só está bajulando pra conseguir aquele meio ponto pra passar;
b) o pentelho – esse bajula por pura vocação, do começo ao fim do ano letivo;
c) o retardado, que nunca entende a aula e depois fica jogando confete pra receber explicação.
Puxa-saco de cu de ferro:
a) o espertinho – só puxa em dia de prova;
b) o burro tiete – gruda desde o começo, e acredita que a mera convivência com o gênio vai torná-lo de alguma maneira genial;
c) o burro-mala – faz perguntas em voz alta durante a prova ou fica cutucando o gênio pra colar. "Deixa eu ver tua prova, pô!"
É um saco.
Cada tipo de CDF também tem sua personalidade específica e diferentes maneiras de lidar com seus puxa--sacos particulares. O CDF gênio é mais generoso. O CDF esforçado é mais mesquinho. Não dá cola, não ajuda, e não tem o menor pudor em ferrar o colega:

– Se eu estudei pra prova, por que você não estudou, hem?
Isso bem alto para o professor escutar.
O CDF esforçado só faz concessões ao burro tiete, que por ser muito burro considera o esforçado um cara genial. Como o esforçado se rói de inveja do gênio, já que não consegue ser brilhante, fica satisfeito em passar por tal. E como prova de sua imorredoura gratidão dá ao burro tiete uma colher de chá. "Mas não vai acostumar, hem cara?"
Puxa-saco do coleguinha milionário: você saca na primeira semana de aula. Rapidamente fica íntimo, e em menos de um mês já está passando fim de semana na fazenda, ou na casa de praia. Mas aqui também você identifica pelo menos três tipos:

a) o relações-públicas – compensa as deficiências do riquinho, serve de intermediário em questões delicadas, aconselha, e às vezes até funciona como eminência parda. "Porra, cara, você tem que estudar mais. Afinal vai herdar o império do seu pai." Ou: "Aquela mina é muito micha, não serve pra você. Você tem que namorar uma garota à tua altura". É o amigo favorito dos pais do riquinho. "Isto sim é amizade pra você!";

b) o capacho – é do tipo "masoca". O riquinho pisa, humilha, faz gato, sapato, peteca e banana, e o outro gosta. Esse não dá nem pra sentir pena;

c) o office boy, já não é visto com tanta simpatia, porque se presta a quase qualquer serviço. "O quê? Tá a fim daquela mina? Deixa comigo que eu arranjo o negócio pra você!"

Atenção: convém não subestimar os office boys porque em geral acabam fazendo carreira principalmente como assessores e lobistas.

Puxa-sacos globais: atiram em todas as direções, bajulando quem está no poder ou quem de algum modo o detém: o diretor, os professores, os colegas milionários, os cdf,e até os rebeldes do fundo da classe, porque afinal nunca se sabe o dia de amanhã.

Bom, citei os puxa-sacos, mas os ladrões, gentilmente chamados de cleptomaníacos nas escolas finas, também se dividem em doentes e safados com as suas respectivas e amplas subdivisões. O que rouba sua caneta ou o seu suéter, porque o pai foi embora de casa e/ou a mãe está ocupada demais pra lhe dar atenção, sofre de carência afetiva, em geral tem cura. O sem-vergonha não. Este segue pela vida roubando e eventualmente pode acabar fazendo uma brilhante carreira na política, bancos e autarquias estatais.

Os dedos-duros têm uma grande chance como vigias, zeladores, porteiros, locutores ou repórteres policiais.

E como os chatos têm poucas chances de triunfar em qualquer profissão, quase sempre acabam virando burocratas, contadores e despachantes. "Tá faltando o original da certidão de casamento do seu pai. Traz duas vias com firma reconhecida." Não sei por que mistério os rebeldes acabam se saindo melhor que os esforçados, e sabe aquele aluno que entrava mudo e saía calado? Aquele que não era nada nem você não dava nada, que não era nem bom nem mau aluno? Esse pode de repente surpreender.

– Lembra da Lu Medina, aquela sardenta quietinha? Virou estilista de moda, minha filha! Tá fazendo o maior sucesso em Paris, cê acredita?

– Lembra do Tavinho, que a gente achava meio feinho? Virou artista de televisão!

— E a mocreia da Andreia, quem diria!
A melhor coisa da escola é que ela é o nosso primeiro manual de sobrevivência na selva. Se a gente consegue sair da experiência ileso e inteiro pode-se considerar preparado para o que der e vier. A essas alturas aposto que você deve estar se perguntando onde eu me enquadrava. Bom, eu era do tipo boa aluna não esforçada. Ao contrário das outras boas alunas, me sentava no fundo da classe junto com as rebeldes e marginais, porque à minha maneira também me sentia um pouco marginal. Era detestada pelas sacanas, porque batia de frente com elas; as puxa-sacos não me suportavam porque vivia tirando pelo delas; as chatas não chegavam perto porque as botava pra correr; e as dedos-duros, por razões que não preciso mencionar. E já que mencionei as chatas, vamos fazer um pequeno *flashback* e voltar ao recreio, no momento em que uma sacana acaba de me perguntar:
— Por que sua família não coloca você numa escola mais barata, hem?
Minha vontade é responder:
— Por que você não vai à merda, hem?
Porém estamos nos anos 1950. Menina não fala palavrão, muito menos menina de colégio de freira, bolsista, e filha de mãe beata. Aí engulo meu ódio e saio pisando firme, orgulhosa e altiva, como as heroínas pobres dos romances de antigamente. Naquela época fazia sucesso uma canção de Lupicínio Rodrigues, *Vingança*. Era minha vida: "o orgulho foi a herança maior que meu pai me deixou". A única saída honrosa era erguer o queixo, fazer meia-volta e deixar todo mundo falando sozinho.
No começo, quando isso acontecia, era imediatamente procurada no recreio pelas chatas. Você sabe de

quem eu estou falando, não sabe? Daquelas duas ou três que a classe rejeita por alguma razão misteriosa ou evidente. Pois é: quando elas percebem uma estranha a bordo, prontamente resolvem adotar.

– Que meninas xeretas, né? O que é que tem que você seja pobre? São Francisco de Assis não fez voto de pobreza também? – dizia a que tinha o tique de piscar.

– Quer sonho de valsa, diamante negro, paçoca, maria-mole, pé de moleque, ou um pedaço de bolo de coco do aniversário do meu irmão? – oferecia a gordinha.

– Gostaria de escrever no meu álbum? – perguntava a outra, que suava demais, me estendendo um caderno de capa azul-pavão. Dentro, apenas duas contribuições: a de Vera Lúcia, a que piscava e a de Maria Clotilde, *miss* obesidade.

Elas imaginavam que eu pudesse fazer parte da mesma turma. Não faria jamais. E tinha que deixar isso muito claro antes que minha imagem naquele colégio estivesse definitivamente condenada.

– Obrigada, posso escrever outra hora? Agora tenho que estudar – disse devolvendo o álbum e saindo em retirada.

Restava o grupo das rebeldes para me refugiar.
– Cê gosta do James Dean?
– Acho bárbaro.
– Gosta de rock?
– Acho o máximo.
– Chiclete?
– Obrigada.
– Este colégio é uma porcaria! Sabe o que eu gostaria? Estudar num colégio misto, tipo Mackenzie.
– Pra mim tava bom colégio estadual.

— É muito puxado.
— E daí?
— Cê gosta de estudar???

Eu gostava mas tinha que disfarçar. Rebelde aguenta colega inteligente; cu de ferro nem pensar.

Esse foi meu batismo de fogo no que então se chamava primeira série ginasial. Só me senti amparada quando percebi que pertencia a uma turma, não importava que fosse chamada de escória pela maior parte das irmãs. Eram as mais barulhentas, as mais vagabundas, as mais gozadoras, as menos preocupadas com a matéria que se dava em classe. Mas eu as escolhi e elas me acolheram. Estava tudo bem. Com o tempo acabei fazendo amigas entre as outras turmas da classe e havia meninas legais, mas a minha turma era a lá de trás. Sua especialidade: desafiar a ordem constituída, dentro e fora do colégio. As meninas colavam, as mais velhas namoravam, dançavam rock e tomavam cuba-libre. Eu não fazia nada disso, porque aos treze anos ninguém me dava mais de nove, e as chances de que algum rapaz olhasse pra mim eram nulas. Lembro-me que nessa época fui a uma festa de quinze anos da filha de um amigo do meu pai e durante a noite inteira ninguém me convidou para dançar. Foi o maior chá de cadeira da história do Ipiranga e da Aclimação. Só consegui meu primeiro namorado na quarta série ginasial.

Porém ainda estou na primeira série, tenho apenas treze anos, sou pequena, miúda, um perfeito varapau, enquanto minhas colegas, quase todas mais altas do que eu, começam a despontar. São brotinhos, como se dizia naquele tempo. E tudo de fato começava a brotar: seios, quadris, tudo se arredondava, quase todas já "tinham ficado mocinhas", enquanto eu era uma tábua. Mas gostava de escutar as histórias que elas contavam no recreio e a cada beijo que elas narravam em minúcias, era como se um hipotético namorado me houvesse beijado.

Se a gente não pode viver, imagina. Isso aprendi a fazer desde muito cedo. Era o que me defendia da vida em família. Estou falando da minha família: pobre e orgulhosa, sonhadora e belicosa. Em casa que não tem pão — dizia minha avó — todo mundo briga e ninguém tem razão. Todas as famílias brigam. As pobres costumam brigar mais. Então para me defender, fazia o que todo adolescente faz: vivia intensamente, ainda que fosse apenas na minha imaginação.

Além de mim, a escória se compunha de quatro (maus) elementos: Selma, embora fosse a mais velha (15), era menor que Ana Maria (13), que adorava cinema, era a mais inteligente, embora vagabunda. A mais bonita era a Maria Helena (14), que ficava o tempo todo falando de rapazes e não via a hora de terminar o ginásio para casar. A mais divertida era a Marta Macedo (12), que fazia croquetes de algodão, oferecia brigadeiros de chocolate recheados de pimenta-malagueta, colocava sal no café, açúcar no feijão, substituía o biotônico Fontoura das internas por vermute Cinzano, entrava no vestiário, trocava meias e sapatos das meninas que estavam fazendo educação física, originando as maiores confusões. E mentia demais.

Carioca, passava suas férias em Copacabana na casa da avó. Entre outras coisas, dizia-se sobrinha de Watson Macedo, diretor das chanchadas da Atlântida, que o Brasil inteiro assistia, e prima de Eliana Macedo, maior estrela do cinema nacional, que o país inteiro adorava. Se ficasse só no parentesco, tudo bem. Conheci algumas garotas que se diziam primas do Cyll Farney, sobrinhas de Anselmo Duarte, e uma jurava que era filha bastarda de um soldado americano que durante a Segunda Guerra aportou em Recife e anos depois se tornou um superastro de Hollywood: Audie Murphy, cujo aliás tinha sido soldado e herói de guerra nas ilhas do Pacífico, mas jamais passou por Recife. A imaginação da Marta, entretanto, era a mais prodigiosa da classe.

Tio Watson era totalmente louco, ela dizia. Uma vez colocou um gato na máquina de lavar para ver o que acontecia. Se não fosse Oscarito e Grande Otelo se encontrarem casualmente por ali, o bichano teria morrido estraçalhado. E Eliana Macedo, amiga de Emilinha e Marlene, tinha sido madrinha do casamento secreto de Cauby Peixoto e Ângela Maria. Francisco Carlos, o broto, era apaixonado por Dóris Monteiro. A própria Marta tinha visto os dois dançando agarradinhos no Sasha. O que uma pirralha de doze anos estaria fazendo numa boate como o Sasha, ninguém perguntou. Mas também, uma sobrinha de Watson Macedo não devia ter problema de entrar em nenhum lugar.

Nenhuma de nós gostava do colégio e a recíproca era absolutamente verdadeira. Mas o pai da Selma era rico e as freiras recorriam a ele toda vez que precisavam ampliar as instalações. Ana Maria era intocável porque sua mãe era sobrinha do arcebispo. Um tio de Maria Helena trabalhava na Delegacia de Ensino e a Marta tinha sido recomendada pelo padre Rocha, o capelão. Da minha parte, não tinha amigos nem parentes influentes e a meu favor havia apenas o fato de ser boa aluna. Isso era importante, mas não me tornava intocável. Desde o princípio, sabia que minha posição era muito frágil e se a corda tivesse que arrebentar seria pro meu lado. Portanto, todo o cuidado era pouco.

Porém era muito difícil ficar impassível diante das coisas que ouvia naquele colégio. A irmã Rosa, que dava Religião, ficava nos ameaçando com a excomunhão toda vez que fazíamos uma pergunta impertinente.

– Irmã, a senhora viu que os russos vão mandar um satélite pro espaço? Estão dizendo por aí que nos próximos dez anos o homem vai chegar até a Lua.

– Isso é um absurdo!

Aí explicava que não sei quantos anos-luz nos separavam da Lua e que portanto seria impossível um dia o homem chegar até lá:

– E vocês parem imediatamente com essas perguntas capciosas, porque eu sei muito bem onde querem chegar!

Ela sabia – e nisso era bem esperta – distinguir uma provocação de uma pergunta bem-intencionada. Naquele tempo, fora da Igreja Católica não havia salvação. Tudo era pecado mortal, inclusive ler a Bíblia dos protestantes, que antes do Papa João XXIII eram considerados hereges e traidores da Santa Sé e do Papa.

Toda a vida das alunas, internas, semi-internas e externas, dentro e fora do colégio, devia ser regida por uma moralidade e comportamento dignos de uma santa. Dormir até mais tarde mesmo no domingo não era aconselhável.

– Vocês devem aprender a forjar a sua vontade, levantando cedo mesmo quando não é necessário! E ofereçam esse sacrifício pelas sagradas Missões!

Andar sem meia era considerado falta de modéstia. Decote, baton, saia justa, bailes, cigarro, namorado eram condenáveis por atentar contra o pudor. E assim por diante.

As freiras ficavam horrorizadas com as histórias que as dedos-duros levavam das mais avançadinhas e as ameaçavam com o fogo do inferno.

— Maria Helena!!! Verdade que seu namorado beijou você na boooca?

— E onde mais ele ia beijar, irmã? — respondia ela com um bocejo.

— Fique sabendo que uma moça conspurca sua pureza ao permitir que um homem toque seus lábios!

— Tá bom, irmã! — ela fingia concordar enquanto enrolava languidamente o rabo de cavalo.

— Já pro confessionário! Vamos! E você também, Marta!

— Eu??? Mas que foi que eu fiz, irmã???

— Você foi vista fumando no vestiário!

— Mentira, irmã! Só fumo no banheiro da minha casa!

— Vá já se confessar! E você, Ana Maria? Que história é essa de arregaçar o calção na aula de ginástica?

— Eu estava com calor, né, irmã?...

— Isso é falta de modéstia! E falta de modéstia é pecado mortal!

— Mas irmã, não chega a gente ter de usar aquelas meias de algodão até o meio da coxa e ainda é obrigada a vestir por cima uma saia comprida com calção???

— Não diga jamais essa palavra!

— Que palavra, irmã?

— Essa que você falou!!!

— Meia, coxa ou calção?...

— Vá já pra capela, já!

— Não fica me olhando assim porque esta semana eu ainda não fiz nada, viu irmã?

– Fez sim, Marta! Você dá ouvidos demais a essa daí. Essa daí era eu. Uma péssima influência.

– Quem, eu?...

– Você mesma sua, sua, sua...

– Sua o quê, irmã?

– Herege, descrente, ímpia! É isso que você é! Vive atormentando a irmã Rosa com perguntas impertinentes durante a aula de Religião.

– Só por que perguntei por que mulher não pode dar a comunhão?

– Não foi só isso que você perguntou!

O que poderia ter enfurecido tanto a irmã Rosa, eu indagava, ao mesmo tempo que passava em revista todas as questões que tinha formulado na aula dela:

– Se matar é pecado mortal por que a Igreja matou tanta gente na época da Inquisição?

– Se Adão e Eva só tiveram Caim e Abel, e Eva era a única mulher, com quem os dois se casaram, irmã?

– Se Deus é absolutamente bom e justo por que manda as criancinhas pro limbo, só porque as coitadinhas não foram batizadas?

– Se Deus é absolutamente misericordioso por que existe guerra e fome, irmã?

– Já para o confessionário! – espumava a irmã Teodomira. – E não se esqueça que semear em dúvida na fé das suas colegas é pecado mortal!

Pecado mortal. Tudo era pecado mortal e qualquer falta seria punida com o fogo do inferno. Histórias exemplares eram contadas e recontadas para nos aterrorizar. Entre todas, nenhuma era tão impressionante como a da menina que esqueceu de confessar um grave pecado e foi comungar. Quando ela abriu a boca para receber a hóstia consagrada, uma cobra se projetou de sua garganta e se lançou em direção ao sacerdote, fazendo-o recuar com horror.

Minha nossa! A partir de então, toda vez que ia comungar, ficava apavorada com a possibilidade de que de minha boca saísse de repente uma cobra, denunciando um pecado mortal que tinha esquecido de confessar.

Também era pecado mortal morder, mastigar ou tocar com os dentes a Santa Comunhão. E a título de ilustração, as freiras contavam a história de uma jovem que mordera a hóstia e imediatamente ela começara a sangrar. Resultado: toda vez que eu recebia a comunhão ficava em pânico quando a hóstia grudava no céu da boca, o que aliás quase sempre acontecia, por causa dos malabarismos desesperados que teria de fazer com a língua para evitar que ela tocasse meus dentes. E se acontecia de a hóstia se aproximar perigosamente de um molar, eu parava de respirar e imaginava o corpo ferido de Nosso Senhor Jesus Cristo começando a sangrar, o sangue se avolumando em minha boca até ser lançado para fora numa golfada quente.

Os tormentos da fé.

O tempo passou, a Igreja mudou nos anos 1960 com o Concílio Vaticano II, e embora os católicos mastiguem a hóstia como se fosse um pedaço de pão, até hoje continuo incapaz de tocá-la com os dentes. Consequência desastrosa de um tempo em que religião era sinônimo de terror, e Deus sinônimo de punição.

Mas ainda é 1956 e estou numa aula de Latim. A irmã Teodomira, devidamente informada pela irmã Rosa sobre minhas perguntas impertinentes, está brandindo seu livro de rezas e me ameaçando de excomunhão:

– A sua mãe não merece uma filha ímpia como você!

– Irmã, a senhora lê a Bíblia?
– O que tem isso a ver com o assunto em questão???
– É mesmo, irmã! Por que a Igreja não incentiva os católicos a ler a Bíblia? – perguntou Marta. – É por causa das histórias picantes que tem lá?
– Histórias picantes??? Que histórias??? – perguntou Selma interessada.
– Uma porção, não é irmã? – continuou Marta.
– Uma porção??? Uma porção, menina??? – gritava a freira horrorizada.
– A de David e Betsabé, por exemplo, irmã! – disse eu.
– É a mesma daquele filme da Susan Hayward e Gregory Peck??? – perguntou Ana Maria interessada.
– Silêêêncio!!! – berrou a freira.

A irmã Teodomira era uma mulher muito pequena e muito magra. Quando ficava brava, sua voz já normalmente fina se tornava esganiçada e ela começava a cuspir. À medida que o volume aumentava, enormes perdigotos se projetavam de sua boca em direção às meninas que ocupavam as primeiras carteiras, em geral as mais baixinhas ou com deficiências auditivas ou visuais. Num desses ataques histéricos, Aldinha abriu incontinente o guarda-chuva, e foi expulsa da classe pela freira, vexada com as gargalhadas gerais. Agora quando ela começava a berrar, Aldinha protegia-se dos perdigotos com o caderno de desenho.

– A Bíblia não tem histórias picantes!!! E se você insistir com essa heresia eu vou pedir ao bispo a sua excomunhão!!!

– O rei David não se apaixonou pela Betsabé? A Betsabé não era casada? Ele não mandou o marido dela pra guerra pra poder ficar mais à vontade?

– Como é que eu nunca li uma história assim bacana na Bíblia, hem??? – interrompeu Ana Maria, sentindo-se sacaneada.

– E tem muito mais – continuei – Judith e Holofernes, Ester e Nabucodonosor.

– Aquele rei da Mesopotâmia que...

– Ele mesmo – esclareci.

– E como é que a irmã Guilhermina pulou justamente essa parte???

– É só ler a Bíblia – completou Marta. – Está tudinho lá.

– E tem também a história de Sodoma e Gomorra e aquelas moças que dormiram com o pai.

– Fora! Para fora!!! – espumava a freira.

– Mas está na Bíblia, irmã!

– Ponha-se já para fora! Eu vou pedir a sua suspensão e dê-se por muito feliz se não pedir a sua expulsão,

porque você não é digna de sentar nos bancos deste colégio!!!
– Que história é essa das moças que dormiram com o pai, gente? – perguntava Maria Helena, atônita.
– Está na Bíblia! Por isso que meu pai não me deixa ler! – explicava Marta, enquanto eu saía da classe sob os olhares furiosos e o discurso ressentido da irmã.
– É assim que você retribui, não é sua ingrata??? É assim que você agradece a quem recebeu você!!! Em vez de responder com devoção e fé a nossa bondade, como uma serpente venenosa morde o seio de quem a acolheu com tanto amor!!!
É claro que eu fingia não ligar a mínima, mas no fundo me sentia a última das criaturas. Digam o que disserem, adolescente gosta de ser amado, e eu não era exceção. Ao mesmo tempo em que achava a maior parte daquelas freiras chatas, burras, más, falsas, puxa--sacos, queria que todas gostassem de mim. Mesmo a posição de rebelde sinalizava: olha, você pode não gostar de mim, mas eu existo, estou aqui, e se você não gostar de mim, vou atormentar você, fazer a sua vida em classe muito, muito difícil.
Como naquele rock de Elvis Presley: *treat me nice*. Trate-me bem. Eu queria colo, afago, compreensão. Eu e todas as outras que se sentavam no fundo da classe. Relapsas, transgressoras, irreverentes, insolentes. Estávamos fora dos parâmetros. Éramos assim para chamar atenção. Éramos o que podíamos ser e não seríamos jamais como as outras porque não éramos boazinhas, nem sacanas, nem CDF, nem puxa-sacos, graças a Deus.
Não fui expulsa dessa vez, embora no fundo estivesse rezando para isso acontecer. E me lembro que

não foram as súplicas da minha mãe nem a interferência do padre Rocha, o capelão, mas o fato de estar ensaiando uma peça *Nossa Senhora de Fátima*, onde eu interpretava a própria. Sim. Ela mesma, Nossa Senhora, em carne e osso. No meu caso, mais osso do carne. O espetáculo, ensaiado zelosamente pela irmã Teresa em todos os fins de semana desde a Páscoa, seria apresentado às no dia 13 de outubro e depois repetido para as irmãs e noviças na noite de Natal.

Sim, eu, a herege, era Nossa Senhora. Lúcia era Maria Cecília, uma interna muito legal que tinha decidido se tornar freira; Aldinha fazia o papel de Jacinta e seu irmão Francisco era interpretado por Marta. Em todas as cenas de aparição de Nossa Senhora, eu ficava de frente para a plateia, numa plataforma de madeira encoberta por um telão que, com uma grande dose de boa vontade representava uma azinheira, árvore sobre a qual Nossa Senhora teria aparecido em 1917, num lugar de Portugal chamado Fátima aos três pequenos pastores. Quando Nossa Senhora aparecia, os três pastorinhos (Lúcia, Jacinta e Francisco) estavam de costas para a plateia, o que para Marta era a situação ideal para arruinar minha etérea e suave aparição. Logo no primeiro espetáculo, à medida que eu falava ela ficava fazendo micagens e caretas e foi preciso um grande autocontrole para eu não ter um acesso de riso. Mas não era do temperamento de Marta desistir. Como eu imaginava, na segunda apresentação ela já tinha o seu número ensaiado. Tão logo a irmã Teresa colocou na vitrola o coro de anjos que anunciava a aparição de Maria, ao mesmo tempo em que apagava as luzes da ribalta e fazia incidir apenas um foco sobre a azinheira,

Marta abriu um chiclete americano e começou a mascar. Era um chiclete cor-de-rosa, de forte odor adocicado, que fazia bolas imensas. À medida que eu caminhava sobre o tablado senti o odor de confusão. E lá estava Marta, mascando furiosamente de modo a colocar a massa do chiclete no ponto de textura ideal para fazer aquilo que ninguém sabia fazer melhor que ela: uma bola que ia crescendo lentamente e quando já estava quase do tamanho do seu rosto, tremulava dramaticamente por alguns segundos e explodia a seguir com um estrondo colossal.

– Quando virdes uma noite iluminada por uma luz desconhecida... – comecei olhando para a plateia, para não me distrair com a bola que pacientemente Marta inflava.

– Sabei então que é o sinal do Senhor...

– Olhe para os pastorinhos! – soprava a irmã Teresa da coxia. Mas do lugar onde ela se encontrava, não podia ver o desastre se aproximando.

– ... para o fim do Mundo anunciar...

– Olhe para os pastorinhos – insistia a irmã.

– Um grande relâmpago rasgará os céus e um grande estrondo...

E puuummm!

– Que foi? Que foi??? – murmurava-se na plateia.

A profecia de Fátima se cumprira naquela noite de Natal. Quando olhei para Marta havia chiclete espalhado nos cílios, cabelos, testa, bochecha. Aldinha e Maria Cecília estavam perdidas de riso e Nossa Senhora também caiu na gargalhada. O pano fechou, irmã Teresa entrou no palco de nos passou a maior descompostura. Mas seu alvo principal era eu.

— Meus parabéns! Você estragou a representação da noite de Natal!

— A culpa foi minha, irmã! — Marta tentou consertar.

Mas não havia o que consertar. Nossa Senhora poderia no máximo sorrir. Rir está fora de questão. E muito menos gargalhar. Segundo a Madre Superiora, era incabível, intolerável, para não dizer imperdoável o meu procedimento.

Mas aquela definitivamente não era minha noite. Passava muito das onze e nada de o meu pai me ir buscar. Eu estava sentada numa cadeira incômoda no parlatório, quando a irmã Celina entrou (ela era muito legal) e perguntou o que estava fazendo ali.

— Esperando meu pai — respondi.

— Ligue pra sua casa. Não tem cabimento você ficar aqui sozinha na noite de Natal.

Também achava que não tinha cabimento, mas em casa não havia telefone.

— Mas algum de seus vizinhos deve ter!

Lembrei-me da Diva Alegrucci que cantava ópera na Rádio Gazeta e morava a duas casas, mas fiquei com receio de incomodar.

– Incomodar o que? Me dê o telefone dela que eu mesma vou falar.

E assim foi. Meia hora depois chegava meu pai muito contrariado, com o tio da minha cunhada. O que é que eu tinha de inventar de trabalhar numa peça na noite de Natal? Era só problema que eu sabia inventar. A sorte foi o seu Manoel, que era motorista de táxi, ter ido cear em casa, pelo menos havia um carro para me buscar. De qualquer maneira estava sendo um transtorno para ele, para seu Manoel, para a família inteira reunida para cear.

– Mas eu avisei da peça. E o senhor ficou de vir me buscar!

– Acontece que sua mãe resolveu assistir à Missa do Galo na televisão e nos esquecemos completamente.

Era noite de Natal e eles se esqueceram totalmente de mim!???!

– Não se zangue com a menina, que ela deve estar cansada – disse o seu Manoel abrindo a porta de trás do seu Chevrolet 1946. Afundei no assento de couro e comecei a chorar. Estava arrasada, vexada, por ter sido esquecida numa noite de Natal, pela falta de amor e de compreensão do meu pai.

– Está com sono? – perguntou solícito seu Manoel.

– Com fome – respondi.

– Não comeste ainda? Era só o que faltava! – reclamou meu pai.

– Não comeu ainda??? – interpelou minha mãe quando o velho a inteirou do fato – Não te deram de comer???

– Não... – murmurei magoada.
– Era só o que faltava!
Era só o que faltava. Como se não bastasse ainda ficaram contrariados porque eu não tinha jantado na noite de Natal!
– Ela come qualquer coisinha, não é? Uma rabanada, um pedaço de panetone já está bem, não está? – perguntava seu Manoel, ao mesmo tempo que me ia servindo de frutas secas e castanhas. – Pra se lembrar do Natal na nossa terra...
– Primeiro tira seu pai de casa na hora do Ofertório! – resmugava minha mãe trazendo o copo e os talheres.
Olhei para a televisão a tempo de ouvir o padre dizer: *Ite missa est!*
– Missa pela televisão é muito chato – disse meu irmão mais velho bocejando e retirando-se para o seu quarto.
– O tio nos leva? – perguntou minha cunhada ao seu Manoel, disfarçando um bocejo.
– E o Artur? – perguntei, referindo-me ao terceiro irmão.
– Foi dormir. Que horas pensas que são??? – respondeu minha mãe irritada.
– Bem, vou pra cama que por hoje já tive contratempos demais! – disse meu pai olhando irritado para mim.
– Eu também vou, que estou muito cansada! – disse minha mãe também agastada comigo. – Bem, quem chega à hora que chegaste não pode se queixar de comer sozinha!
Mordi um pedaço de panetone mas não o conseguia engolir. Mastigava de um lado e do outro, mas a garganta estava sufocada e as lágrimas agora escorriam

sem parar. Comia restos da ceia na mesa da sala de jantar, sozinha. Em torno de mim, os vestígios da festa da qual fora excluída. Mais infelicidade impossível. Eu me sentia uma pequena órfã, de pais vivos. Minha identificação com David Copperfield, Oliver Twist e todas as crianças rejeitadas de Dickens era total.

– Mas isso não vai ficar assim! – ruminava pra mim mesma enquanto pensava em revanches tenebrosas. Um dia eu ia ser muito famosa e eles iam chorar lágrimas de sangue pelas coisas que estavam me fazendo passar. Na minha imaginação, já os via ajoelhados diante de mim, como os pastorinhos diante de Nossa Senhora de Fátima, pedindo perdão por aquela amarga noite de Natal.

Essa, porém, não foi a pior catástrofe: devido à minha risonha interpretação de Nossa Senhora, nunca mais fui convidada pra fazer teatro no colégio.

Eu tinha três irmãos. Disse tinha, porque um deles já faleceu. Os três eram muito mais velhos do que eu. O primogênito não me dava muita bola. O outro era casado e tinha problemas demais em sua vida para se ocupar comigo. E o terceiro, a quem era mais ligada, foi um grande companheiro nesse período.

O mais velho não percebia minha existência mas uma vez ou outra manifestava sua prodigalidade. Pagou por exemplo as aulas de piano com Carlinhos Barone, que por ser jovem e bonito arrebatava os corações juvenis do bairro, inclusive daquela que viria a ser minha cunhada. Mas eu me sentia tão criança perto dele que nem ousei um pensamento mais ousado. Carlinhos era um rapaz de dezenove anos, eu uma pirralha de treze com tamalho de nove, que falava feito uma matraca durante a aula. Carlinhos tinha uma paciência de Jó com a minha falta de jeito e talento e deve ter percebido imediatamente que nem com grande esforço, dele e meu, poderia sequer tocar *Le lac de Comme*. Ele insistia que era importante estudar teoria e solfejo, eu achava aquilo tudo chatíssimo.

Um dia Carlinhos me perguntou:
– O que é uma fusa?
– Não sei.
– Não estudou, não é?
– Não.
– Muito bem – disse pegando um lápis. – Está vendo este lápis? Se eu cortar no meio tenho uma semifusa. O que é uma fusa?
– Um lápis inteiro – respondi.

Foi minha última aula de piano.

Nunca consegui aprender a tocar nenhum instrumento mas cantava muito. Fados, marchas, imitava Dalva de Oliveira em *Ave Maria no Morro*, Aracy de Almeida em *Vingança* (ou assim imaginava imitar), cantava lavando louça, cantava fazendo faxina, cantava quando andava sozinha na rua, cantava tanto que minha mãe imaginou que pudesse me tornar uma cantora lírica, como Diva Alegrucci que morava na mesma rua, a duas casas da nossa. Diva Alegrucci dava aulas de canto e uma vez me levou para assistir Lucia de Lamermoor na Cortina Lírica, programa de ópera transmitido todos os sábados à noite pela Rádio Gazeta. Naquela noite, ela interpretou a própria Lucia com grande competência e no final foi efusivamente cumprimentada pelo próprio maestro Armando Belardi.

Quando escutava uma ópera fazia um tremendo esforço para me manter concentrada, mas a maior parte do tempo minha cabeça estava em outro lugar. Apreciava uma ou outra ária, uma ou outra passagem musical, mas nada superava o prazer dos saraus em casa de dona Carmen, a vizinha da frente. Lá não precisava ficar esperando impaciente que chegasse aquele trecho ou aquela ária que eu gostava. Qualquer coisa que se tocava ali me interessava, até as canções mais antigas, de letras extensas e versos empolados como *A deusa da minha rua* e *Lábios que beijei*. Gostava de sambas, boleros, samba-canções, e até das marchinhas de Carnaval, embora em minha ignorância muitas vezes fracionasse palavras por desconhecer totalmente o seu sentido. Era o caso de *Chiquita Bacana*:

Chiquita Bacana lá da Martinica
Se veste com uma casca de banana-nanica
Não usa vestido,
não usa calção,
Inverno pra ela é pleno verão
Existencialista
com toda a razão
Só faz o que manda o seu coração.

Existencialista eu entendia como duas palavras, que para falar a verdade, não faziam muito sentido: existem e cialista. Existem, eu sabia o que era, mas e cialista? Que diabo podia ser? Nem por um momento me ocorreu que era existencialista e também se me ocorresse não faria a menor diferença. Imagina se eu ia saber que existencialista era uma pessoa adepta do existencialismo, teoria filosófica criada por Jean Paul Sartre. Só uns dois anos depois quando eu mesma já tinha me tornado, por assim dizer, existencialista, é que consegui apreender o sentido da letra de *Chiquita Bacana* (embora duvidasse que alguém com aquele perfil tropical pudesse ser existencialista).

Qualquer existencialista que se prezasse vestia-se de preto, dos pés ao pescoço, usava cabelos longos e revoltos, não tomava sol e provavelmente também não tomava banho. Sua imagem mais perfeita era a de uma cantora francesa chamada Juliette Greco. No inverno de 1958 eu desejei ardentemente ser como ela e quase fui, até o momento em que uma bofetada da minha mãe me acordou para o fato de que eu vivia na Mooca e não em Paris. Eu tinha dito apenas:

– Sou existencialista e a favor do amor livre!

O sonoro estalo da palma da mão no meu rosto revelava séculos e séculos de repressão moral. Também, quem mandou bancar a porta-voz da liberação sexual dez anos antes de haver realmente condições objetivas para ela acontecer? A punição veio rápida e feroz.

Os pioneiros jamais são compreendidos pela sua geração.

Eu não queria ser hipócrita, mas parecia haver um complô contra a minha excessiva franqueza. O mundo dos adultos é mesmo muito complicado. Primeiro ensinam a você que não se deve mentir, depois você começa a ser repreendido se falar a verdade. Demora um certo tempo para entender o que pode ser dito e o que deve ser calado. Algumas coisas você pode falar. Outras só pela metade. Há também aquelas que só devem ser insinuadas. Sem esquecer as outras que não devem de maneira nenhuma ser mencionadas. As regras mudam o tempo todo de acordo com o lugar, e o tipo de relacionamento que você tem com a pessoa ou o grupo com quem convive.

Dizer a verdade, só a verdade, nada mais que a verdade só dá certo em julgamento de cinema ou televisão. Na vida real dá problema demais e a gente descobre muito cedo que são bem poucas as pessoas realmente interessadas em saber toda a verdade. De fato, a maior parte só quer saber a parte da verdade que pode suportar. E algumas, definitivamente, já fizeram sua opção pela mentira. Para estas, verdade quase sempre dói. Era o caso de minha mãe. Demorou anos e anos até que eu aprendesse a poupá-la, dando-lhe exatamente o que ela queria escutar. Para ser franca, nunca fui muito hábil em fingir ou disfarçar. Alegria, tristeza, satisfação, contrariedade, ironia, desgosto, ou qualquer outro tipo de estado, ainda hoje se estampam claramente em minha fisionomia.

— Está gostando da palestra?
— Nossa... estou adorando...

Felizmente a carreira diplomática nunca esteve entre as minhas cogitações.

Não era só a mensalidade do colégio que meus pais não podiam pagar. Eles também não tinham condições de comprar o uniforme de gala que o próprio colégio vendia e que se compunha de uma saia pregueada e um *spencer* de casimira azul-marinho, com uma gola de fustão branca, uma pelerine de tecido mais pesado e uma boina com três fitas de gorgurão, uma branca ao centro e uma azul-marinho de cada lado. As fitas eram colocadas em pregas começando da base e as pontas terminavam em forma de V.

Minha mãe achou que podia improvisar um uniforme de gala à sua maneira que passasse como tal. Pelerine jamais tive nem nunca se cogitou. A saia era a mesma que eu usava todos os dias. O *spencer*, ela mesma costurou, mas como raramente era usado, a cor acabou ficando diferente do surrado tecido da saia. Mas o problema maior era a boina. Na hora de colocar as fitas, em vez de fixar as pregas de baixo para cima, ela costurou de cima para baixo e as pontas ficaram mais longas que as das boinas oficiais. Resumo: toda vez que precisava usar uniforme de gala morria de medo que alguém descobrisse que o meu era diferente e não existe nada pior para um adolescente do que se sentir diferente dos demais.

A diferença do meu uniforme, entretanto, não era imediatamente visível. Alguma coisa parecia esquisita, freiras e colegas me mediam de alto a baixo tentando localizar o que estava errado. Elas olhavam e voltavam a olhar enquanto eu ficava aterrorizada com a possibilidade de que se repetisse o que já me acontecera uma vez em Portugal, também num colégio de freiras que meus pais não podia pagar.

Encerramento de ano letivo: as alunas externas no palco, de uniforme de gala. É claro que não preciso dizer que o meu não tinha nada a ver. A cor, azul-marinho, era semelhante mas de outro tecido, e a gola, meu Deus, a gola de tule enorme em nada se parecia com a gola de piquê do uniforme oficial. Estávamos todas alinhadas no palco à espera do pano abrir para cantarmos o hino do colégio, quando entrou a irmã Sacramento, e de maneira rude me agarrou pelo braço e me retirou do palco. Motivo: eu não estava vestida apropriadamente. Talvez fosse também raiva do meu pai que não pagava a escola há meses. De qualquer maneira foi um ato brutal e muito pouco cristão. Além de ter representado pra mim uma suprema humilhação, instalou um terror que iria me perseguir a vida inteira: o de ser inesperadamente agarrada pelo braço por alguém e ser colocada para fora.

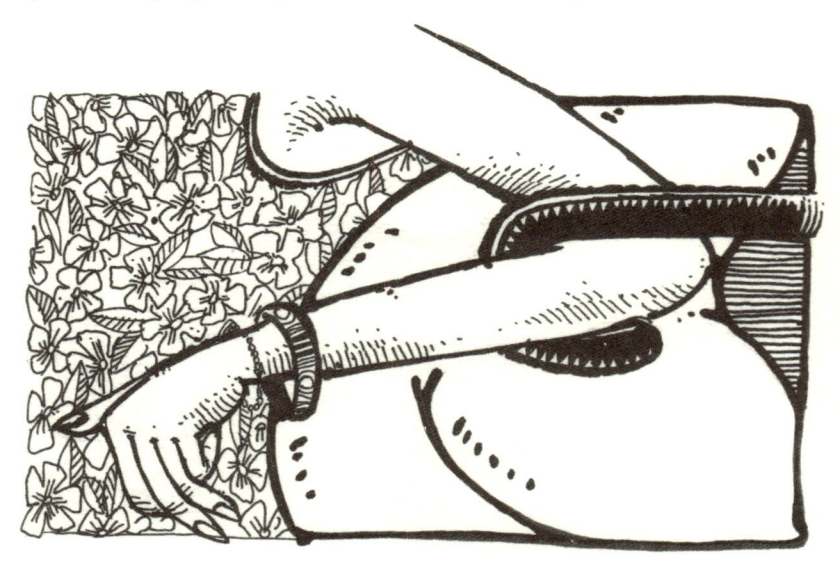

Uma amiga já sugeriu que essa foi provavelmente a razão pela qual me tornei dramaturga: para que ninguém nunca mais me tirasse do palco. Que os deuses do teatro digam amém.

Mas estou no pátio do colégio à espera da missa de aniversário do colégio começar e sendo atentamente examinada pela Maria Lúcia que me diz:

– Gozado, tua boina é diferente...
Eu mesma já tinha corrigido o tamanho e a posição das pregas das fitas. O que seria mais?
– Por que não tem aquela ponta no cocuruto que a minha tem?...
– Arranquei – menti. Mal como sempre. E me afastei. Por que tinha de passar por isso? – perguntava meu coração.
– Por que me obrigam a continuar no colégio? – eu vivia perguntando a meus pais. – Afinal não é assim um colégio tão bom!

O que eu tentava explicar é que o ensino era fraco e na verdade não era uma escola tão fina que justificasse tanto sacrifício e sofrimento – para eles e para mim. Não era uma escola grã-fina tipo Sion, Sacré Coeur ou Des Oiseaux. Era apenas um colégio frequentado pela classe média do Ipiranga, Mooca, Cambuci e Aclimação. Preferia mil vezes estar no colégio estadual, onde seria poupada de tantos embaraços e que além de ser gratuito tinha a vantagem de o estudo ser infinitamente melhor.

Mas a minha lógica não tinha nada a ver com a lógica dos meus pais. Era de tal maneira distinta nossa maneira de pensar que houve uma época em que imaginei ser adotada. E cheguei a sondar a minha cunhada. Ela achou muito engraçado.

– Olha-te no espelho: és a cara da tua mãe!

Sim, eu era a cara da minha mãe, mas nosso temperamento não podia ser mais diferente.

Eu só me sentia feliz quando lia, assistia teleteatro ou ia ao cinema. Por isso vivia lendo e indo ao cinema. Teleteatro só nas noites de sábado (*Teledrama* no canal 5), domingo (*TV de Vanguarda* e *TV de Comédia*, no canal 3) e segunda-feira (*Teatro Cacilda Becker* no canal 7 e *Grande Teatro Tupi*, no canal 3). Havia também o teatro da *Juventude de Júlio Gouveia* todos os domingos às 10 horas da manhã, e nas terças e quintas ele levava ao ar romances juvenis em forma de telenovela. Julio Gouveia, que foi a primeira pessoa a levar *O Sítio do Picapau Amarelo* para a televisão, era meu ídolo desde que eu chegara ao Brasil. Eu acalentava o sonho de trabalhar com ele, e me tornar atriz do seu TESP (Teatro Escola de São Paulo).

A oportunidade finalmente surgiu na segunda série ginasial.

Havia duas coisas que realmente gostava de fazer no colégio: teatro e o jornal.

Como após a gargalhada de Nossa Senhora, minha carreira no teatro da escola estava definitivamente encerrada, restava o jornal.

Eu era boa de redação. Não que fosse boa de gramática. Em análise lógica era uma negação, mas escrevia bem. Aliás era o que eu sabia fazer melhor. Embora rigorosamente controlado pelas irmãs, o jornal tinha diretoria eleita pelas classes a cada ano letivo: diretora, vice, redatora-chefe, secretária. Na segunda série integrei a chapa da Lucila Zioni, da quarta série, que me indicou como redatora-chefe. Como chapa vencedora, arregaçamos as mangas e começamos a trabalhar.

Havia uma seção no jornal denominada: a entrevista do mês. Em geral entrevistavam-se religiosos e religiosas, ou personalidades diretamente ligadas à vida do colégio. Na primeira reunião de pauta sugeri Julio Gouveia.

– Júlio Gouveia??? – perguntou a Madre Superiora.
– Ele não é comunista?

— Não, imagine!... Ele faz programas infantis de grande fundo moral — acalmou Lucila.

Tranquilizadas, as freiras permitiram a entrevista. E lá fui eu com a cara e a coragem e uma pauta de perguntas na mão.

Tomei o bonde que subia a Consolação e me encaminhei para a rua Coronel José Eusébio, onde funcionava o Teatro Escola de São Paulo.

A casa ficava no fundo de um corredor e havia um grupo de atores ensaiando. Eu parei do lado de fora, com o coração batendo de emoção, intimidada. Como os antigos catecúmenos, que não podiam penetrar no espaço sagrado das igrejas antes de serem batizados, me senti indigna de penetrar naquele templo mágico, sem a necessária iniciação. Sim, eu queria pertencer àquela comunidade. Nada me fascinava mais, nada me arrebatava mais que a atividade teatral. E se eu desejava realmente ser artista, tinha de aproveitar aquela chance. No final da entrevista, arrisquei o pedido:

— Se por acaso precisar de uma menina da minha idade para um papel, o senhor me chama?

Júlio me olhou de alto a baixo e sorriu.

— Que experiência você tem?

— As peças do colégio.

— Deixe seu telefone.

Escrevi rapidamente numa folha de caderno esclarecendo que era da minha vizinha.

— Mas ela chama.

Para que ele não me esquecesse enviei um exemplar do jornal com a entrevista, mas o tempo foi passando e nada de ele se manifestar. Finalmente um dia, quando menos esperava, a Iolanda, irmã da Diva, chamou.

– É o senhor Júlio Gouveia! – gritou excitada.
Fui atender com o coração aos pulos. Já via meu nome na tevê, nas marquises dos teatros. A grande revelação juvenil. Era a minha oportunidade de atingir o estrelato, comprar um uniforme de gala igual ao das outras e nunca mais passar por nenhum tipo de constrangimento ou humilhação.
– Alô...
Queriam-me para um teleteatro comemorativo dos 25 anos da Revolução Constitucionalista. Eu podia ir no dia seguinte ao TESP?
– Vou trabalhar na televisão! Vou trabalhar na televisão! – eu gritava e pulava eufórica ao entrar em casa.
– Não vai nada! – disse minha mãe me jogando um balde de água fria.
– E por que não? – conciliou a vizinha. – É no teatro do Júlio Gouveia, é coisa de família, pode deixar a menina.
– É preciso falar com seu pai! – minha mãe respondeu com aquela expressão de quem estava fazendo um supremo favor.
Era sempre preciso falar com meu pai quando um sim poderia ser interpretado como sinal de fraqueza. Depois, o velho andava preocupado demais com outras coisas para deliberar sobre uma questão tão irrelevante. A menos que fosse me dedicar de corpo e alma à carreira artística. Mas não lhes ocorria que eu já pudesse ter tomado tão leviana decisão.
Naquela noite não dormi. Na manhã seguinte não consegui prestar atenção em nenhuma aula. E evidentemente também não consegui almoçar. Consultava o relógio a todo momento e como aquelas horas demoraram para passar. Às duas e meia estava no TESP. Olhos bri-

lhantes, bochechas vermelhas, coração batendo forte, mãos trêmulas, o corpo tenso e excitado. Júlio Gouveia sorriu e me beijou no rosto.

– Que tal esta garota para fazer a amiga? – ele perguntou à Tatiana Belinky.

– Hum hum... – ela murmurou em tom de aprovação enquanto me examinava de alto a baixo.

Eu seria a amiga de quem?

A resposta veio pronta: de Sônia Maria Dorse, que interpretaria a protagonista. Afinal, eu não ia fazer o papel principal, constatei desapontada. Paciência. Ficaria para a próxima. Eles iriam imediatamente reconhecer meu talento extraonário.

Na verdade, nem eu tinha um talento extraordinário nem o papel dava tantas oportunidades assim. Tratava-se de uma história norte-americana adaptada para as circunstâncias brasileiras da ocasião. Em uma pequena cidade do sul dos Estados Unidos, que no século passado fora cenário da guerra de Secessão, uma menina desafia a comunidade colocando flores no túmulo de um soldado inimigo.

Na adaptação de Tatiana, uma garota de Itapevi (Sônia Maria Dorse), pequena cidade do interior de São Paulo, no dia de Finados vai ao cemitério depositar flores nos túmulos dos soldados paulistas e, para grande escândalo dos presentes, coloca uma flor no túmulo abandonado de um soldado adversário. Suas razões, embora condenadas por quase todo mundo, eram as mais nobres. Acima das facções e dos regionalismos, está o ser humano. Que importa que ele fosse inimigo? Era jovem, brasileiro, tinha uma família, namorada, sonhos, como qualquer soldado constitucionalista.

Minha personagem era do gênero conciliatório e tinha poucas falas. Primeiro aconselhava a heroína a não desafiar a comunidade, depois acalmava as pessoas: puxa vida, gente! Tudo isso só porque a pobrezinha botou uma flor no túmulo do inimigo??!

Um papel que Cacilda Becker teria feito melhor, mas os meus recursos não eram muito grandes. Deu pro gasto, como disse minha cunhada. Podia-se acusá-la de tudo, menos de falta de sinceridade.

Meus pais – suponho – respiraram aliviados. Eu não era a Sarah Bernardt. E sendo assim, minha mãe podia continuar acalentando a ideia de eu me tornar cantora lírica.

Embora insatisfeita com a primeira performance, gostei da repercussão: todas as minhas colegas tinham assistido o *Teatro da Juventude*. Até as freiras foram obrigadas a engolir o fato e durante alguns dias eu fui praticamente uma celebridade. Felizmente, a peça tinha "um grande conteúdo moral e cívico", o que não deixava muita margem para críticas. Assim mesmo, ouvi de algumas delas e de muitas colegas que "televisão não é ambiente para menina de família".

— Por que você não é igual às outras mocinhas, hem? — viviam me perguntando.

Não havia nada que eu quisesse mais. Ter um namorado, dançar de rosto colado, ir ao cinema e ficar de mão dada. Mas nenhum rapaz olhava para mim e portanto eu não poderia ser igual. Inútil me consolarem dizendo que meu dia iria chegar, que num futuro muito próximo eu teria uma porção de rapazes para namorar. Quando a gente tem catorze anos o futuro é uma palavra sem sentido. O adolescente quer tudo já. Não o ano que vem, mas hoje. É tudo muito dramático, muito urgente. A gente vive como se não houvesse amanhã, mas apenas o momento presente. Além das infelicidades normais da idade, eu me sentia mais infeliz porque não tinha namorado. E não adiantava nenhuma tentativa de mudar o penteado, nenhum recurso feminino, nem roupa, nem maquiagem me faziam parecer menos infantil.

— E se eu passar baton? — perguntei à minha cunhada.

— Tua mãe te dá uma surra. E também não vai adiantar... — completou.

— Por quê?

— És muito baixinha e tens cara de criança.

— A Vera também é baixinha — argumentei. A Vera era vizinha do meu professor de piano e minha amiga mais recente.

— Mas tem formas. Seios, bunda, pernas bonitas, corpo bem-feito.

Restava-me o suicídio. Ou então tentar me tornar intelectual, porque intelectual que se preza não se preocupa com as trivialidades da vida, tipo baile, penteado, moda e namorado. Foi então que entrou em cena o irmão da Aldinha.

Ele era lindo, tinha dezoito anos, estudava Direito no Largo São Francisco e chamava-se Marcus Vinícius! O mesmo nome do herói de *Quo Vadis!!!* E era um intelectual, andava sempre com um livro na mão, escrevia poemas, era amigo de Paulo Bonfim e de vários jovens escritores. Foi assim que comecei a ler Manoel Bandeira e Carlos Drummond de Andrade, a fim de ter assunto para conversar com Marcus Vinícius, por quem estava perdidamente apaixonada, ainda que não fosse absolutamente correspondida.

– Ele namora uma colega de turma, um crânio! – dizia Aldinha, com todo o respeito e reverência.

Porém, ou porque o divertisse, ou porque ele desejasse alimentar a minha paixonite, toda vez que ia à casa dela estudar, Marcus Vinícius perdia um tempo enorme comigo, falando de literatura e de teatro. Entre outras coisas, dizia-se amigo de Cacilda Becker, assistia a todas as peças inclusive aos ensaios, o que o colocava num patamar intermediário entre os os deuses e os simples mortais. E quando discorria sobre a Biblioteca Municipal e as pessoas que conhecera lá, as conferências, os papos que aconteciam depois, eu ficava pensando que afinal era possível ser feliz sem ter namorado, porque a missão do intelectual era se ocupar de coisas elevadas em vez de perder tempo com coisas menores. Sim, essa era a vida que me convinha. Enquanto eu estivesse envolvida com coisas importantes não sofreria as frustrações do cotidiano.

– Essa menina é muito pernóstica – tinha comentado a mãe da Aldinha com o marido, referindo-se a mim.
– Onde se viu ficar falando de poesia nessa idade?

Ela achava o que muitos adultos achavam. Que eu tinha de viver as experiências das meninas da minha idade e fazer um esforço para ser mais feminina.
– Essa menina mais parece um menino! – implicava a mãe da Aldinha.
– Ela é do tipo gamine, mamãe! – explicava Marcus Vinícius.
– Meu irmão falou que você é uma gamine! – a Aldinha veio me contar.
– E isso é bom ou ruim? – perguntei intrigada.
– Gamine na França é uma garota que parece um garoto.
– Não acho nem um pouco engraçado – respondi amuada.
– Meu irmão acha você muito engraçada.
Eu não queria que o Marcus Vinícius me achasse engraçada. Queria que me achasse engraçadinha. Mas não era atraente o bastante para ele se interessar por mim. Uma gamine não é o tipo de garota que os rapazes queiram namorar.
– O que eu gosto em você é que não é cheia dos não me toques – dizia meu vizinho Biguá.
Bem que gostaria de ser cheia dos não me toques. Me preocupar com coisas como o vestido novo para a festa no fim de semana, o *mis-en-plis*, o novo passo de dança. Mas estava tão fora desse modelo que quando assisti *Picnic* (*Férias de amor*), identifiquei-me com a Susan Strasberg e não com Kim Novak. Eu não era a bela e desejada Maggie. Era Millie: com estudiosa, ignorada pelos homens, aquela que sonhava em ir pra Nova York e tornar-se escritora.
Como se não bastasse, naquela época sofri uma grande "perda". Meu irmão Artur, o único cavalheiro que me tirava para dançar, começou a namorar a Vera. Eu imagina-

va que por ser minha amiga e, portanto, bem mais jovem que ele, não representaria nenhum perigo. De fato, durante algum tempo saímos os três e tudo parecia ia muito bem até que num determinado momento percebi a minha presença incomodava. Fiquei arrasada. De um golpe só, perdia meu irmão e minha melhor amiga. Quem ia agora dançar comigo? Com quem eu iria chorar minhas mágoas? Quem me consolaria na minha profunda infelicidade? Eu era sozinha. Essa contingência se abateu duramente sobre mim. Foi difícil superar. Nessa época, comecei a ler Shopenhauer e elegi uma de suas frases como mote:

"As moscas nasceram para ser devoradas pelas aranhas e os seres humanos nasceram para ser devorados pelos próprios desgostos."

Se não era bem isso, era essa a ideia. Lembro-me de ter escrito essa pérola do pessimismo universal em vários álbuns de recordações e questionários. Entre "você gosta de baile?" e "qual é o seu artista preferido?", eu tascava meu Shopenhauer. Mas era assim que me sentia. Um torturado coração solitário.

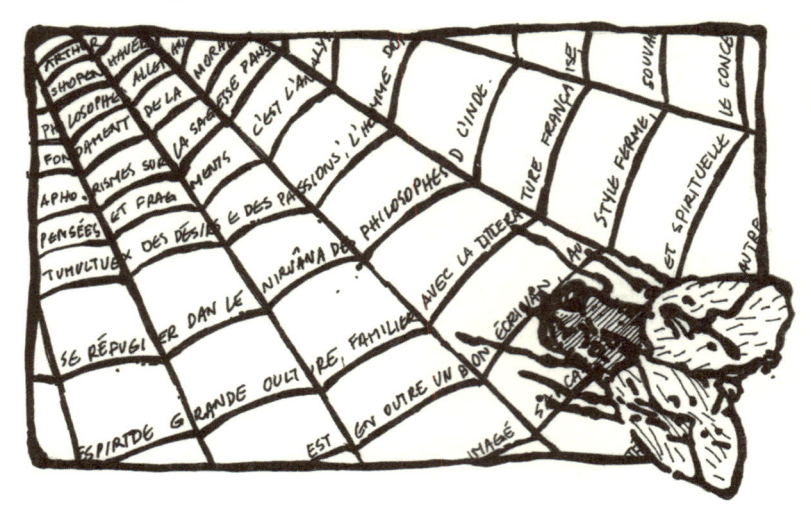

Para compensar a "perda" do meu irmão, intensifiquei as leituras e minhas idas ao cinema. Toda vez que meu pai me pedia para fazer alguma coisa no centro da cidade, eu ia a pé para usar o dinheiro da passagem de ônibus no cinema.

Morávamos na rua Coronel Bento Pires, no início da Mooca. Era atravessar a avenida do Estado, cruzar o parque Dom Pedro, em frente ao parque Xangai, subir a rua Tabatinguera e pronto: estava na praça Clóvis Beviláqua. Então, cuidava de me livrar rapidamente das tarefas que meu pai havia me encarregado e corria para o cinema. Durante duas horas ficaria esquecida da minha vida, vivendo outras muito mais interessantes.

Aos domingos, ia ao cine Glória, que ficava na rua do Gasômetro. Entrava às treze horas e saía às seis depois de ter assistido a dois filmes, três seriados, sem falar nos *shorts* que também eram divertidos. Também gostava de ir ao cine Santo Antônio, na rua da Mooca, que oferecia pelo preço de um ingresso duas películas, e quase sempre uma delas faroeste, o que muito me agradava porque dos dez aos quatorze era louca por filmes de *cowboy*. O cine Roma, alguns metros acima, era mais chique. Tinha poltronas estofadas e só exibia uma película em cada sessão. Foi lá que vi a maior parte dos filmes da Atlântida. Como todo mundo, era fã da Eliana Macedo.

Quando *Sinfonia Carioca* passou, todas as meninas que estudavam balé a imitavam interpretando *À procura do samba* na Ginkana Kibon, *Clube Papai Noel* e outros programas dedicados ao público infantil. Eu não estudava balé porque meus pais achavam um perigo e uma inutilidade, mas arriscava o número de Eliana Macedo diante do espelho. Um dia minha cunhada abriu a porta do quarto e me fragrou em ação. Pior que me sentir invadida foi me sentir alvo do ridículo quando ela explodiu numa gargalhada. E na hora do jantar ainda tive de aguentar as gozações dos outros.

— Então vais trabalhar no cinema, pá? — perguntou meu irmão mais velho sem a menor contemplação.

A falta de respeito por mim naquela casa era total. E essa era a principal razão porque evitava convidar alguma colega para estudar. Ninguém é profeta em sua terra. Estava nas Escrituras e era verdade. Eu não podia comprometer a imagem de rebelde inteligente e respeitável com um comentário cruel ou desairoso feito por alguém da minha família. Um líder, como de certa forma acabei me tornando na segunda série quando a classe me elegeu sua representante, pode ser tudo, menos ridículo.

Ainda continuava me sentando no fundo da classe, mas o meu *status* tinha ascendido consideravelmente por causa do jornal, da televisão, das aulas de catequese e da simpatia de algumas freiras por mim. Principalmente da irmã Celeste e da irmã Maristela. A maior parte, entretanto, continuava me olhando com desconfiança. Eu contestava, argumentava, podia até em alguns momentos parecer igual às outras, mas era diferente. Um olhar mais esperto, menos preconceituoso, saberia utilizar meu potencial e manipular o espírito contestatório. Foi o que a irmã Alice fez no início da segunda série ginasial, que corresponderia hoje à sexta série. Primeiro me aliciou. Primeiro encheu minha bola, falou dos problemas de disciplina da classe e da minha liderança. O colégio esperava que eu atuasse junto à turma no sentido de torná-la mais estudiosa e bem-comportada.

Como ela esperava, na eleição de representantes de classe a minha me elegeu. Não percebi imediatamente a cilada. Eu seria intermediária entre ela e a turma. Perante a diretoria, a irmã Alice era responsável por aquela classe. Quanto melhor fosse nosso desempenho, mais pontos somava para ela. Me transformar em representante era um jeito esperto de me neutralizar e fazer com que trabalhasse a seu favor. Em outras palavras, me tirava do fundo da classe e transformava a rebelde em capataz.

Demorei algum tempo para perceber o jogo, mas como disse Abraham Lincoln pode-se enganar alguns por muito tempo, pode-se enganar muitos por pouco tempo mas não se pode enganar todos todo o tempo. A irmã Alice era muito dissimulada mas eu não tinha reparado. Foram as rebeldes que levantaram a lebre e aí eu comecei a perceber que o sorriso adulador da irmã Alice se desfazia rapidamente e se transformava numa expressão contrariada quando eu não fazia ou dizia exatamente o que ela esperava. Então, sutilmente, passava a me questionar. Será que não tinha sido um erro a minha eleição? Afinal, se não conseguia impôr ordem e disciplina é porque me faltava carisma para ser representante. Com esse discurso irmã Alice tirou a máscara de boazinha e se revelou o que era: uma boa sacana.

– Se você acha que não está apta para o cargo, talvez se deva propôr uma nova eleição...

– A senhora é que sabe, irmã... – encarei.

– Não é que eu queira, por favor, entenda...

Com gente sacana ou você joga o mesmo jogo ou declara guerra. Claro que a posição da irmã Alice era muito mais forte e a luta, muito desigual. Ela estava entrando com a experiência e astúcia e eu com a cara pra bater, mas se imaginava que pudesse me intimidar, estava enganada. Eu tinha sido eleita para defender os interesses da turma e não os seus, e tinha decidido encarar essa luta e estava disposta a resistir até o fim.

— Gostaria que você conversasse com as suas colegas! O rendimento de vocês em Latim é péssimo e em Inglês, abaixo de qualquer crítica.

— Por que a senhora mesma não diz, irmã?

— Estou dizendo. Afinal a representante da classe quem é?

— Bom, já que sou representante da classe acho que vale o vice-versa!

— Como assim? — perguntou ela intrigada.

— Também temos uma reclamação a fazer. A senhora falou do rendimento de inglês mas o problema não é nosso: a professora é péssima.

A irmã Amélia não era apenas péssima na disciplina que lecionava. Mas uma insegura que incitava a insegurança da classe. Na primeira aula tinha se dirigido apenas a Olga, uma russa branca, que morara em Xangai e falava um pouco de inglês.

— Good morning, how do you do?

— Very well, thank you.

Não lembro se o diálogo foi esse, mas foi mais ou menos assim que se passou. A freira entrou em classe e começou a dialogar com a Olga como se apenas ela estivesse ali. Como se não bastasse, ao longo do ano letivo, toda vez que sua aula não era entendida ou alguém dizia uma tolice, imediatamente começava a matraquear em inglês com a Olga, ou lhe lançando olhares e sorrisinhos cúmplices, para grande embaraço da russa. E se uma de nós insistia para ela repetir uma explicação, sua resposta não podia ser mais antipática:

— Como já disse no início das aulas, vocês devem se matricular na Cultura Inglesa porque ninguém vai aprender inglês apenas aqui!
— E quem não tem dinheiro pra pagar, como é que faz? – perguntei.
Ela se voltou para a Olga e fez alguma observação que completou com uma risada. E devia ser um comentário meio desagradável, porque a russa abaixou a cabeça e se recusou a oferecer cumplicidade.
— Dava pra senhora falar em português, irmã? – perguntei.
— Esta é uma aula de inglês, não de português, mocinha!
— Se a senhora soubesse ensinar talvez a gente entendesse melhor! – gritou a Marta no fundo da classe.
— Você está me desafiando, menina?

— Não, ela está dizendo o que todo mundo acha, irmã! — respondeu Ana Maria.

— O que é isto? Uma sedição???

— Não, é uma reclamação coletiva! E se a senhora tem alguma dúvida, pergunte quem está satisfeita com a aula que a senhora dá!

A aula acabou em tumulto e logo a irmã Alice veio furiosa me cobrar a confusão. Segundo a irmã Amélia, quem havia começado tudo tinha sido eu. Fiquei indignada.

— Não senhora, irmã! Quem começou foi ela nos mandando estudar na Cultura Inglesa!

— A irmã Amélia está certa! Eu também já sugeri que vocês deviam estudar na Aliança Francesa!

— E os pais que não podem pagar?

— Não deviam manter as filhas num colégio deste nível.

Não. Essa não foi a resposta da irmã Alice. Ela era muito esperta. Isso deve ter sido o que a irmã Amélia disse para Olga em inglês. Os pais que não podem pagar Cultura Inglesa não deviam manter as filhas neste colégio. Para ser bem franca, era exatamente o que eu achava, mas não adiantava ela dizer pra mim. Tinha de dizer para meus pais.

— O colégio mandou vocês me matricularem na Aliança Francesa e na Cultura Inglesa — comuniquei a eles.

— O quê??? Você está pensando que é filha do Matarazzo? — gritou minha mãe.

— Eu não. São as freiras que pensam assim.

— Era só o que faltava! Como se não chegasse pagar a escola, ainda se tem de pagar aulas por fora! — resmungou meu pai.

– Por isso que eu acho que o senhor deve ir lá falar com elas.

Não foi. Nem meu pai nem minha mãe se apresentaram para pedir qualquer explicação. Sem a retaguarda deles, ficava muito difícil brigar. Eu estava sozinha, ninguém iria tomar as minhas dores. A autoridade tinha razão, por princípio. A mim cabia obedecer e engolir as humilhações.

Apesar de incompetente, a irmã Amélia era a freira mais bonita do colégio e por isso tinha um séquito de fãs ardorosas. Algumas meninas estavam realmente apaixonadas por ela. Soltavam gritinhos, tinham frêmitos, suavam frio, e ela nada fazia para desencorajar a tietagem explícita.

– Linda! – gritava a Ivone, toda vez que ela entrava em classe ou apontava no corredor. E nos fazia colocar a mão no lado esquerdo do peito para que sentíssemos seu coração disparar.

Eu não gostava da irmã Amélia, mas gostava da Ivone, que tinha entrado no colégio naquele ano, logo enturmara com o fundo classe e era muito legal. Por causa disso a gente aguentava com a maior paciência a histeria e as palpitações.

– Será que o cabelo dela é comprido ou cortado rentinho que nem a Elizabeth Taylor? – perguntava nervosa, torcendo e retorcendo um lencinho que sempre trazia com ela.

– E daí que seja comprido ou curto, Ivone? Que te interessa saber?

– Eu tenho de saber! Eu tenho!

– Já que você tem de saber, vamos dar um jeito de descobrir! – decidiu Marta. E quando a Marta decidia alguma coisa é porque já tinha traçado um plano de ação.

– Como é que a gente vai entrar na cela?
– O retiro espiritual não é no mês que vem?

O retiro tinha vários signicados para nós e o secundário era o espiritual. Durante três dias ficávamos no colégio, sujeitas à mesma rotina e regulamentos das internas, comparecendo a funções religiosas de manhã, à tarde e à noite, muitas missas, muitas adorações, muitas prédicas, confissões, comunhões, terços, rosários, preces pela nossa salvação e conversão da Rússia. E entre uma função e outra nos divertíamos a valer, principalmente à noite, nos dormitórios.

Entre as coisas que a gente fazia era trocar os pés dos sapatos e peças de roupa, costurar mangas e punhos das blusas, virar as meias do avesso, inclusive as nossas, para que as suspeitas não caíssem sobre nós, o que era bobagem, porque todo mundo sabia quem tinha aprontado a confusão. Também fazíamos piquenique com as provisões que as meninas tinham levado escondido e enquanto durasse o estoque de miniaturas de garrafas de vermute da Marta, tomaríamos *drinks* conversaríamos sobre assuntos proibidos, como beijos e carícias, que as mais liberadas já trocavam com os namorados, embora na época isso não fosse usual e a maioria das histórias fosse imaginária.

Durante o retiro, duas ou três freiras montavam guarda no dormitório, além de as irmãs normalmente encarregadas de ali manter a disciplina. Suas camas, colocadas em pontos estratégicos, distinguiam-se das nossas por estarem resguardadas por uma espécie de cortina de algodão espesso. Abrigadas dos olhares curiosos, ali elas se despiam e vestiam. Ou melhor: ali elas tomavam o cuidado de vestir uma roupa antes de tirar a outra, porque se as internas tomavam banho de camisola e a nudez era ameaçada com o fogo do inferno, imagine uma freira.

Mas ninguém estava interessada em ver a irmã Amélia nua: a Ivone queria simplesmente saber se o cabelo da freira era curto ou comprido. Na primeira noite, Marta tinha tentado penetrar na "tenda". Aparentemente, a irmã estava dormindo, mas ao primeiro toque na cortina de isolamento, acordou sobressaltada.

– Quem está aí?
– Sou eu, a Marta, irmã. Estou com dor de barriga. Posso ir no banheiro?
– Claro que pode! Precisa perguntar!?

Não havia jeito. A freira tinha sono leve. Qualquer proximidade alienígena a faria acordar.

– Droga! Ela nem toma biotônico! – disse Marta chateada. – Se tomasse a gente podia trocar por vermute!

Não, a irmã Amélia não tomava biotônico, nem chá de cidreira, nem sequer comia. Diziam que ela aproveitava o retiro para fazer jejum, isto é, mais do que fazia normalmente, porque era magra como um caniço.

Marta, que não se deixava vencer pelas dificuldades, na segunda noite "comprou" uma interna do primário com um sonho de valsa e a mandou até a cama da irmã.

– Você só tem que abrir a cortina ver se ela está dormindo e fazer um sinal pra nós.
– E se ela estiver acordada?
– Pergunta se pode ir ao banheiro, que não está conseguindo dormir, inventa qualquer coisa, vai!

A pequena foi pé ante pé, mas antes de fazer o movimento de abrir a cortina, a voz irritada da irmã Amélia já se fez ouvir:
– O que você quer???
– Estou com fome.
– Volte para sua cama e ofereça o seu jejum pelas vocações sacerdotais!
– Está bem, irmã... – respondeu a garota aliviada.
A interna não funcionou. O que poderia funcionar?
– Melhor desistir porque ela já deve estar desconfiada...
– Jamais... – murmurou Marta maquinando alguma coisa.
– Olha o que você vai fazer, hem? – advertiu Selma.
– Eu estava pensando... E se a gente gritar fogo, fogo! Ela vai ter de sair correndo da cama – sugeriu Ivone.
– Pelo amor de Deus, gente! – disse Ana Maria – Pensem nas meninas menores! O pessoal vai ficar apavorado!
– Acho que encontrei uma solução! – disse Marta.
– O quê??? – perguntamos em coro.
Mas ela se recusou a dizer o que era. Ao contrário dos seus hábitos, passou o dia inteiro praticamente sozinha e, à noite, alegou dor de cabeça e foi a primeira a querer dormir.
– Ei, Marta! Você desistiu? – perguntou Ivone sacundindo-a.
– Não torra, vai...
– Dormir a esta hora???
– Se pirulita daqui, Ivone!!...
O estoque de miniaturas tinha acabado, os chocolates também. Todo mundo estava cansado, e quando a

luz do dormitório foi apagada, cada uma foi para sua cama dormir.

No meio da noite, um grito de pavor.

– Um fantasma! Socorro, um fantasma!

Ergui-me rapidamente e lá estava ele, um vulto branco enorme, esvoaçando pelo dormitório. As meninas corriam, gritavam, as luzes se acenderam, cortinas se abriram subitamente e então todas nós vimos Marta segurando o "fantasma", que não passava de um rodo vestido com um lençol. Mas o que todo mundo queria ver – os cabelos da irmã Amélia –, ninguém viu, porque ela usava touca. Frustração geral. Não era uma touca rígida, como a que fazia parte do hábito e era usada durante o dia, mas assim mesmo uma touca que não nos deixava ver se ela usava cabelo curto ou comprido.

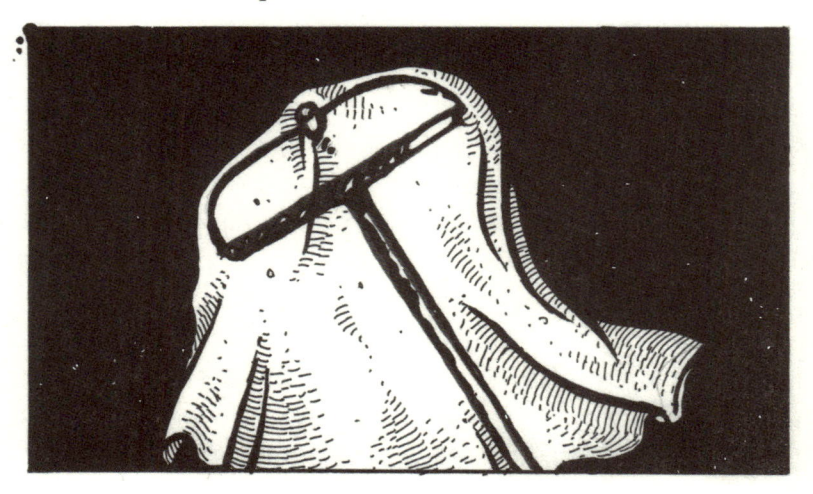

Como punição, o "fantasma" foi condenado a percorrer a nave da capela de joelhos rezando o terço, e a lavar os lençóis das meninas que se tinham urinado de susto. Cinco pequenas e a Regina Lúcia, que tinha quinze anos e se dava ares de mulher fatal.

— Das pequenas eu lavo, mas dessa marmanjona não vou lavar!!! — Marta reclamou.

Lavou. Sob protestos, mas lavou. E Ivone só foi descobrir que afinal os cabelos da irmã Amélia eram compridos, quando anos depois a freira abandonou a ordem, como tantas outras.

— Eram compridos, tia. Eu vi a irmã no dia que ela saiu — disse minha sobrinha que então estudava no colégio.

Mas nessa época, Ivone não estava mais apaixonada por ela. Tinha casado com um engenheiro e morava em Volta Redonda.

Do incidente do fantasma resultaram várias coisas: a Regina Lúcia passou a ser chamada de Regina Mijona; os pais de Marta, revoltados com a excessiva penalidade imposta a sua filha, decidiram que iriam transferi-la para outra escola no ano seguinte; o colégio decidiu que durante o retiro, as externas ficariam em dormitórios separados das internas, a vigilância seria redobrada, pastas, maletas e qualquer tipo de bagagem seria examinada, e seu conteúdo, se julgado impróprio, apreendido, ou seja, bolachas, biscoitos, chocolates, bolos, frutas estavam proibidos, bem como miniaturas de garrafas e vidros de biotônico Fontoura; também durante o retiro, todos os livros, exceto o missal e os livros de orações autorizados, seriam cassados. Isso significava que não podiam mais circular livros "picantes" que era como se chamavam antigamente os livros "fortes" ou de sacanagem.

Eu não gostava muito de livros picantes, preferia os livros "fortes", o que não melhorava o meu conceito perante as freiras porque meus autores favoritos eram Jorge

Amado e Eça de Queiroz, que faziam parte do *index*, uma lista de livros proibidos pela Igreja, e quem os lesse estaria cometendo pecado mortal. Em casa não havia restrições: lia tudo que tinha vontade e foi muito bom que ninguém tivesse controlado minhas leituras, porque a maior parte das minhas colegas cujas leituras eram vigiadas acabaram desenvolvimento um gosto todo especial pelos livros proibidos e muito pouco gosto pelo hábito da leitura.

Não concebia ir para o retiro sem meu Eça de Queiroz mas não achava muita graça em Cassandra Rios. Lembro-me que circulou no colégio um exemplar de *Meu destino é pecar* de Susana Flag, pseudônimo de Nelson Rodrigues, levado por uma aluna do curso Normal e que o livro foi apreendido e queimado no pátio na presença de todas as alunas. Foi a visão mais próxima que tive da Santa Inquisição.

Para falar a verdade não entendia a razão de tanto espalhafato por causa de um romance quando o Cântico dos Cânticos, contido na Bíblia, era muito mais "picante" e deixei isso claro na aula de Religião, matéria que na segunda série era dada pela irmã Alice. Evidentemente, essa observação provocou tal reação irada que além de ser, repetidas vezes, chamada de herege também fui ameaçada com a danação eterna. Em resumo, eu merecia o mesmo destino do livro de Nelson Rodrigues. Estava claro, porém, naquele discurso exaltado, que a "heresia" tinha sido apenas o pretexto para a irmã Alice manifestar seu total desaponto, sua frustração e sua raiva em relação a mim. Ela havia colocado todas as suas fichas numa pessoa que imaginava poder manipular. Quando percebeu que não seria tão fácil ficou irritada comigo, por havê-la frustrado, e com ela, por haver escolhido a mim. Eu não tinha o menor respeito, a menor consideração por uma instituição que fechara os olhos ao fato de meus pais não pagarem a mensalidade e à minha falta de educação, porque era evidente que eu não tinha berço nem modos e portanto não tinha categoria para frequentar aquela escola.

No final da aula eu estava aos prantos. Pela injustiça, e pelo que apenas eu podia ver. As outras não viram senão o que era aparente: a irmã tinha ficado muito brava porque eu insinuara que a Bíblia também continha passagens "picantes". Sua posição era perfeitamente defensável. A minha não. Como poderia dizer que a violência do seu discurso não tinha nada a ver com a Bíblia? Como poderia dizer que se tratava uma relação de poder e uma expectativa que não se cumpriu? E se pudesse, talvez não soubesse dizer, talvez me faltassem palavras, argumentos. Estou vendo esse fato com os meus olhos e a minha experiência de hoje. Na época em que ocorreu não tinha a exata dimensão daquele incidente. Lembro-me apenas da minha infelicidade e da minha humilhação e da resolução de sair do colégio tão logo o ano letivo terminasse.

Naquele momento, mais que em qualquer outro, ficou claro que não havia mais lugar para mim naquela escola. O mais difícil seria convencer meus pais de que não era apenas eu que queria sair do colégio. O colégio também estava louco pra se livrar de mim.

Lembro-me de ter chegado em casa e comunicado a minha mãe:

– Não quero mais estudar no colégio o ano que vem. As freiras vivem soltando piadinhas na classe sobre o nosso calote.

– Calote, que calote? – perguntou minha mãe fingindo que não entendia.

– Há quanto tempo o pai não paga a mensalidade?
– Está bem – disse ela agastada. – Mas se quiseres outro colégio, mexe-te e vai procurar porque não temos tempo pra isso!

À noite meu pai veio sondar.

– Que história é essa das piadinhas das freiras a nosso respeito?

– Elas dizem que vocês não pagam, que estou lá de favor!

– A tua mãe disse que tu queres mudar de colégio... Podes começar a procurar – disse o velho chateado.

– Eu não quero mais colégio de freiras. Quero que seja misto e com estudo melhor.

O primeiro que procurei foi o colégio estadual Firmino de Proença que ficava perto de casa, mas havia apenas duas ou três vagas para a terceira série que eram preenchidas depois de um rigoroso exame de seleção. Por mais boa aluna que fosse, não estava preparada a competir com alunos de outras escolas públicas que se tinham mudado para o bairro. Comecei então a procurar um colégio leigo, acessível ao bolso quase sempre vazio de meu pai. O Mackenzie, que eu mais queria por ser o mais parecido com as escolas americanas que eu via no cinema, estava fora de questão. Caro demais. Por indicação de uma colega que também ia sair, fui parar no Colégio Paulistano na rua Taguá. O uniforme compunha-se de saia preta, blusa branca e malha vermelha. Qualquer modelo de saia, qualquer modelo de blusa e qualquer modelo de malha! E não tinha uniforme de gala!!!

Acabariam para mim os tormentos do meu uniforme sempre diferente das demais. O preço era um pouco mais caro que o colégio das freiras, mas eu me comprometi a ir e voltar a pé do colégio para economizar na condução. Atravessava a avenida o Estado, cruzava a baixada do Glicério, que na época era um descampado, subia a rua Visconde de Sarzedas, dobrava à esquerda na rua da Glória e pronto: alguns quarteirões depois chegava à rua Taguá. Eram mais ou menos quarenta minutos de caminhada. Na volta, para variar o trajeto, pegava a rua Liberdade e descia a rua Tabatinguera. Mas quando o dia estava bonito, gostava de ir e voltar pelo Glicério para me deter diante dos cartazes do cine Itapura, antecipando o prazer da próxima atração.

Colégio novo, vida nova, mas nada é fácil e nada é perfeito. Sim, lá estava eu na classe da terceira série em meio a quarenta colegas, entre meninos e meninas, totalmente deslocada. A maioria estudava junto desde a primeira série, conheciam-se, eram reconhecidos pelos professores e chamados pelos próprios nomes. Havia uma grande quantidade de alunos de origem japonesa porque o colégio ficava no bairro da Liberdade. Eu invejava a intimidade com que meus novos colegas se tratavam e a familiaridade com que os professores se dirigiam a eles. Parecia que todo mundo tinha nome, menos eu e meia dúzia de gatos pingados vindos de outras escolas, em sua maioria repetentes. Era o caso da Beth que bombara no colégio alemão, e a quem me liguei imediatamente. Ela era loura, de olhos verdes, morava no Brooklyn, odiava todas as matérias menos português. Era melhor que eu, constatei com um misto de despeito e admiração, quando sua redação foi lida em classe. Seu sonho era se tornar escritora.

As histórias que a Beth escrevia eram ambientadas em lugares fora do Brasil. Em praias do Pacífico, Riviera francesa ou tinha como cenário paisagens invernais onde a neve ou o granizo caíam lá fora enquanto a o fogo da lareira crepitava. Eu achava incrível essa palavra, incrível que ela soubesse usar as palavras com tanta precisão e competência. Seus personagens se chamavam Bruce, Steve, Ursula, Mitzy. O enredo era sempre romântico e com passagens bastante ardentes. Os temas eram semelhantes aos da revista *Querida*, com a vantagem de que no fim o mocinho não se mandava porque a mocinha ficava "em apuros", nem a mocinha era punida por ter feito amor com o namorado. As histórias da Beth eram infinitamente mais imaginosas, mais bem escritas, mais excitantes e mais bem resolvidas. Em geral, era a mocinha que desprezava o mocinho e o abandonava para ir morar em cidades de intensa vida cosmopolita, como Nova York e Paris, onde se tornava uma grande pintora ou escritora. Em outras palavras: os contos da Beth atendiam aos meus anseios que, na verdade, eram os seus também. Como suas heroínas, ela há muito tinha decidido que não teria o destino banal da maioria das mulheres. Independência sim. Casamento não. Sem dúvida, tinha encontrado meu outro eu.

Embora sua família fosse alemã e a minha, portuguesa, estávamos unidas pela mesma incompreensão e desamor. Rapidamente decidimos que aos dezoito anos deixaríamos nossa medíocre família e nos mudaríamos para Nova York, único lugar realmente à altura de nossas ideias avançadas. O problema é que a Keiko, que também ficara amiga da Beth, queria ir conosco. A Keiko era legal, mas não tinha as nossas elevadas inquietações. Não gostava dos livros que a gente gostava, bocejava enquanto líamos em voz alta nossas histórias, e no melhor do papo era sempre acometida por um apetite colossal.

– Vamos nas Lojas Americanas comer um *hot dog*, gente? Ou um *sundae* de chocolate... ou *banana split* com bastante *marshmallow*... ou um *milk-shake* de morango...

– Ir até a rua Direita, Keiko?

– Tá bom, se vocês acham muito longe vamos no chinês da rua Liberdade comer pastel e tomar garapa.

Esse menu definitivamente não combinava com Françoise Sagan.

Não é que eu não gostasse de ir à lanchonete das Lojas Americanas. Lá era praticamente o único lugar no centro da cidade naquela época onde se podia pedir um *banana split* e um *ice-cream soda*. Muitas vezes íamos em turma no fim da aula, o que sempre era muito divertido e bastante arriscado. Invariavelmente, depois do lanche percorríamos a loja àprocura de novidades e na saída as "mãos leves" exibiam o produto do *tour*. Brincos, grampos, brochinhos, pequenas bobagens que eram surrupiadas mais pelo prazer da contravenção do que pelo valor. Nesse departamento, eu era uma perfeita nulidade. O coração disparava, as mãos tremiam, e a tensão me traía. A única vez que ousei afanar uma lixa de unhas fiquei aterrorizada com a possibilidade de ser descoberta e no dia seguinte minha foto sair na primeira página dos jornais.

LADRA É PEGA EM FLAGRANTE
ROUBOU UMA LIXA E FOI PARAR NO XILINDRÓ.

Ficava imaginando minha mãe chorando e arrancando os cabelos pela casa, as imprecações e a vergonha do meu pai:

– Onde foi que erramos? Onde? Demos-lhe tudo do bom e do melhor...

Eles saindo de casa e os vizinhos comentando consternados:

– A única filha, coitados! Que desgosto...

Depois só sairiam à noite porque não teriam mais coragem de olhar as pessoas.

– E a dona Conceição, que aconteceu que a gente não vê mais?

– Você não sabe? Morreu pro mundo desde que a filha está no xadrez. [Não, eu não dava pro negócio. Não achava a menor graça naquele tipo de emoção.]

Outra coisa que não via a menor graça era cabular aula. Devo ter feito isso duas ou três vezes, e em cada uma delas foi tão chato que não achei que tivesse valido a transgressão. O único programa alternativo interessante, o cinema, não funcionava no período da manhã. Isto é: havia cinemas que começavam a sessão às dez horas da manhã. O Santa Helena, na Praça da Sé, o Cairo no vale do Anhagabaú, onde os filmes em geral eram impróprios para menores de dezoito anos e cuja frequência era composta por desocupados.

Resultado: os gazeteiros ficavam perambulando no centro da cidade, ou iam para o parque da Aclimação. Lembro-me de uma manhã cinzenta no parque, Ana Cristina fumando, o tempo se arrastando, e da minha sensação de vazio e arrependimento. Eu não tinha a menor razão para cabular, meu Deus! Era boa aluna, gostava de estudar e de aprender (menos desenho geométrico). No colégio era muito mais divertido além de as horas passarem muito mais rápido. Que diabo estava fazendo ali?

No Paulistano tinha ótimos professores, desfrutava de uma liberdade maior, mas não me sentia mais tão preservada e protegida como no colégio das freiras. Eu não era ninguém. Para que fosse alguém a quem colegas e professores chamassem pelo nome, precisava me provar. Mas para ser aluna destacada tinha de estudar muito mais, superar minhas deficiências em algumas matérias, como desenho geométrico, por exemplo, matéria em que não tinha a menor base. Mas o pior era Latim. Tudo que aprendera antes parecia não ter a menor importância. Era um terror quando o professor Pina entrava, sentava-se e olhava para nós. O desprezo com nos encarava, o seu silêncio. Se alguém deixava cair um livro ou caneta no chão ele fuzilava:

– Ó jovem! Como pode um objeto inanimado cair ao chão por virtude própria? Será esse o mistério? Nesse caso por que não caem as lâmpadas?

No primeiro dia de aula, ele pedia um voluntário para ficar o ano letivo inteiro no quadro-negro. Seria o/a "jovem do quadro-negro". Demorou alguns minutos de tensão até que alguém, cansado daquele olhar metálico e daquele meio sorriso zombeteiro, erguesse a mão e se habilitasse. Na quarta série, o voluntário demorou tanto a se apresentar, que eu não suportei e me ofereci com a ressalva de que minha letra era muito ruim.

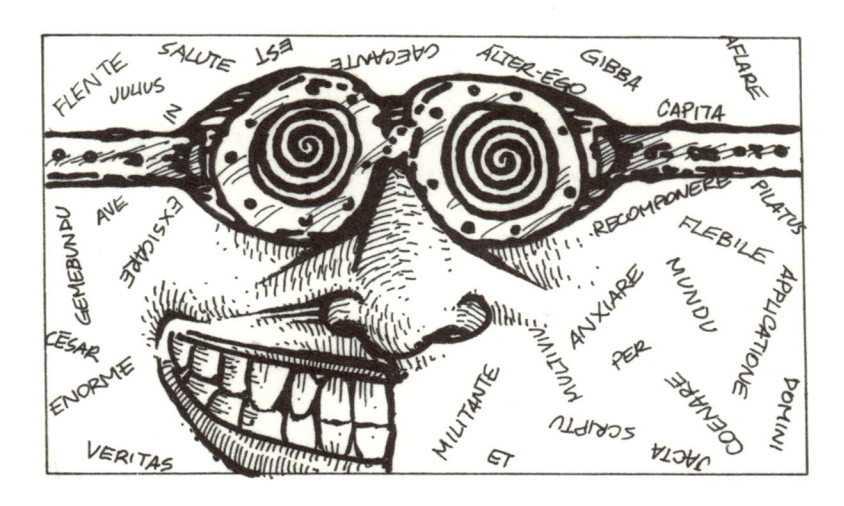

Olhando minhas cadernetas da terceira e quarta séries fico atônita com as notas que tirava em latim. Alguns zeros ou diversos dez. Não era tão ruim para merecer zero nem tão boa que merecesse dez. A disparidade era reflexo da arbitrariedade e de sua personalidade temperamental. Suas provas eram sobretudo orais o que deixava os tímidos em pânico. Quando um aluno errava uma questão era chamado por ele de "jovem bárbaro", supremo insulto de alguém que considerava a cultura romana o ápice da civilização em contraste com as hordas de povos primitivos que habitavam a periferia do império.

– Ó jovem! Vejamos se você estudou ou não!
Se o aluno ainda tivesse voz, diria num tom inaudível:
– Sim, senhor...
Mesmo os mais estudiosos ficavam amedrontados diante do professor Pina. Era necessário um certo grau de desinibição, sangue frio e desenvoltura para manter a calma diante dele. Além, é claro, de uma razoável dose de sorte para saber exatamente o que ele ia perguntar. Esse conjunto de qualificações tão complexo explicava porque num mês a gente tirava dez e noutro tirava zero.
– Ó jovem bárbara! Por que não estudou?
Ó jovem. Ele foi a única pessoa que conheci que usava o vocativo da maneira como eu imaginava Julio César sendo saudado na Roma antiga.
– Ó César!
Pensando bem, era assim que o professor Pina se comportava em classe. Como um César. Eu, pobre mortal, apesar de tudo agradeço ter feito parte das suas legiões.
No Colégio Paulistano o uniforme de ginástica era normal. Ou seja: camiseta de manga curta, calções, que deixavam as pernas de fora, tênis e meias brancas. Mas eu achava aqueles exercícios repetitivos mortais.
A solução veio com um atestado médico alegando que eu tinha pressão baixa (o que era verdade) e portanto estava incapacitada para as aulas de Educação Física (o que talvez não fosse o caso). Como eu, diversas colegas recorreram ao atestado, alegando a mesma razão ou motivos muito mais graves. E enquanto a classe ficava no pátio se exercitando, as "incapacitadas" ficavam no vestiário fumando, falando de namorados, de festas, vestidos, cinema e artistas de cinema. Foi lá que a Beth e eu

começamos a fumar. Ou melhor, no meu caso, a tirar fumaça porque a primeira vez que traguei achei tão ruim e fiquei tão enjoada que não quis arriscar outra vez. Mas como todo o adolescente, em vez de dizer, "é uma merda, não quero mais", acendia o cigarro e fingia que tragava, para não parecer diferente dos demais. Nessa época da vida, a gente se caga de medo de não fazer aquilo que os outros fazem. É preciso uma grande dose de personalidade e independência pra dizer francamente: "obrigada, não quero", "obrigada, não gosto". No entanto, vivia por demais atormentada pelo medo de ser excluída, para ter essa coragem.

Assim, ficava idiotamente tirando fumaça, fazendo de conta que fazia parte da turma dos fumantes. À força de tanto segurar cigarro, acabei me acostumando, comecei a tragar e me tornei viciada. Acho que é assim que tudo começa. Por imitação, por medo de exclusão. Na minha pretensa originalidade, eu afinal não era diferente de ninguém. Em todos os meus gestos havia um dramático substexto:

– Por favor me amem, por favor gostem de mim!

Uma vez, Lígia Fagundas Telles disse no programa *Roda Viva* que tinha se tornado escritora para ser amada. Acho que eu também.

Mas lá estou eu no vestiário do Colégio Paulistano tirando fumaça ao lado da Beth. Eneida comenta sobre Neil Sedaka que está em São Paulo vai se apresentar num teatro da Brigadeiro Luis Antônio. Muito prosa, fala de seu tio que é o empresário, e portanto na qualidade de sobrinha teria livre acesso ao grande astro do rock, embora o forte de Neil Sedaka mesmo, fosse rock-balada. Todas invejávamos a sorte dela e natural-

mente, nos dias que se seguiram, a submetemos a um intenso questionário.
Que cor são os olhos dele? E o cabelo? É alto, baixo, mais ou menos? Fuma? Come? O quê? Dança? Usa suéter vermelho?
A Eneida era mais alta que a média da classe e de físico bastante avantajado. Grandes seios, grandes coxas, grande bunda, num corpo de ossos grandes e estrutura forte. Plantada nesse corpanzil, uma cabeça de menina: rosto redondo e rosado, cabelos castanho-claros, olhos sorridentes. Ela respondia a todas as questões sobre Neil Sedaka e descrevia em minúcias o que nem lhe tinha sido perguntado. Ele sempre usava camiseta embaixo da camisa, adorava camisas cor-de-rosa, meias vermelhas, tinha uma vasta coleção de mocassins, fumava Parliament com filtro, só meio cigarro, o resto deixava no cinzeiro. Essa abundância de detalhes sugeria uma intimidade com o astro que nos deixava boquiabertas.

– Como você sabe tudo isso? Você entrou no quarto dele?

Eneida respondeu com um sorriso malicioso e resolveu fazer mistério.

– Espera aí! Então você entrou no quarto dele!!!

– Ah, gente, eu não posso contar, né? Se as revistas descobrem que a gente está namorando vai ser aquele carnaval!

– Você está namorando o Neil Sedaka????

Ela abaixou os olhos modestamente mas o seu silêncio era muito eloquente. A Eneida estava namorando o Neil Sedaka!!!! A Eneida, gente! Aquela que ficava ouvindo a Marilene, a Ana Cristina e a Margarida contarem sobre as intimidades com os noivos e namorados e nunca abriu a boca para dizer nada! Aquela que ficava tirando linha (leia-se paquerar) com o Demetrius e ele ignorava sua existência! Aliás nenhum rapaz dava bola pra a Eneida, como não dava bola pra mim, só que por razões inversas: ela era muito grande e eu era muito pequena.

Como é que de repente, nada mais nada menos que o Neil Sedaka está namorando com ela?

– ... e então ele me convidou para ir ao quarto dele e pediu para eu tirar a roupa...

– E você tirou????? – perguntávamos nervosas e afoitas.

– Ele tirou meu vestido... Começou baixando o zíper e...

– ... e ????

– Fiquei de combinação...

Eneida era uma grande mestra em fazer climas.

– E daí?

– Ele passou a mão nas minhas coxas e acariciou meus seios...

O Neil Sedaka tinha acariciado os seios dela! Se ao menos eu tivesse seios para alguém acariciar...Mas não! Até a Eneida arrumara um namorado! Eu não tinha a mais remota chance, a mais longínqua condição de atrair o olhar ou o interesse de um homem.

– E aí você tirou a combinação???
– Não... Disse que era virgem e ele respeitou...
– Fez muito bem – concluiu Margarida. – Senão logo ele podia pensar que você é moça fácil.
– E daí? Que pensasse! – falou a Noemi. – Você acha que eu ia ficar pensando em virgindade se tivesse a oportunidade de ir pra cama com o Neil Sedaka???
– Com o Neil Sedaka eu não faria amor. Mas com o James Dean!...
– O James Dean morreu!
– O Tab Hunter não!
– E o Jeff Chandler? Aqueles cabelos grisalhos...!
– Eu prefiro o Rock Hudson!

Mas a única que havia ficado a sós com um astro de Hollywood tinha sido Eneida. Ele tinha tirado seu vestido e ela ficara de combinação! Era o máximo da intimidade. Nem Margarida, nem Marilene desfrutavam dessa intimidade com os noivos. Primeiro motivo de espanto, agora Eneida era motivo de admiração. A única que duvidava que isso tivesse acontecido era Alaíde Garbini, que curta e grossa encerrou o assunto:

– Não pode ser. O Neil Sedaka é fruta.
– Como assim, fruta?
– Maricas. Ele é maricas.
– O quê???
– Meu irmão que falou.
– Despeito do seu irmão!

— Se quer acreditar acredita, pra mim tanto faz.
Alaíde era muito prática para perder tempo com discussões. Mas a simples ideia de que Neil Sedaka fosse maricas punha por terra a história da Eneida e representava uma frustração para todas nós.

— Despeito do irmão dela, gente! O meu também vive falando que esses artistas de cinema que eu adoro também são!

Mas naquela época, o homossexualismo era uma realidade muito distante e nosso desconhecimento sobre o tema, total. A própria palavra maricas era muito ambígua. Durante anos pensei que se referia apenas a um menino mimado. Só muito mais tarde, soube o que era, embora só tivesse me deparado com a exata dimensão do que realmente significava quando me defrontei com esse fato na família. E Neil Sedaka efetivamente era homossexual, portanto a história de Eneida era fruto de sua imaginação, como são muitas histórias de adolescentes em busca de reconhecimento e aceitação.

Eu costumava ir à casa da Beth no Brooklyn principalmente na época das provas e dos exames. Ao contrário de mim, não era boa aluna nem gostava de estudar. No final da terceira série ela estava nuito mal em matemática e precisava de 9 no escrito e no oral para não bombar. Na volta, o bonde parou subitamente na rua Vergueiro, ficamos esperando um tempão mas nada de ele seguir adiante.

— É a greve! — diz alguém.

Aumentaram o preço das passagens e teve quebra-quebra na Praça João Mendes. Chegaram a virar um bonde, não há como prosseguir. Olhei o relógio: quase sete horas da noite. Desci do bonde e voltei para casa a pé evitando a área de conflitos. Quando atingi a rua

Lavapés, já passava das oito e ainda tinha uma longa caminhada até a Mooca. Só consegui chegar em casa por volta das nove, a família estava terminando de jantar. Meu pai se levantou e começou a me bater.

– Onde você andou? – perguntou aos berros, embora eu soubesse que ele não estava interessado em saber. Como sempre, quando está nervoso, precisa bater em alguém.

– Fui ao Brooklin – explico. – Mas está havendo uma greve e os bondes estão parados na rua Vergueiro. Eu vim de lá a pé até aqui!

– É mentira! – ele grita, me batendo outra vez

– É verdade, juro!

Meu pai aos berros e minha mãe como sempre lhe dando razão. Mas como sempre há um momento, depois de ele muito me espancar, em que ela costuma dizer:

– Chega, já chega!...

E ele parava não porque ela lhe pedia, mas porque já tinha descarregado sua raiva da vida e das pessoas que o tinham deixado nervoso. Minha mãe, porém, tolamente acreditava que ele havia parado por causa de sua interceção.

Olhei para os outros sentados à mesa. A expressão agastada de meu irmão mais velho. Estava contrariado porque cheguei tarde e com o velho que me castigou. Sua mulher está alheia, como se fizesse parte de outro filme. Aquilo não lhe diz respeito. O Artur que podia tomar a minha defesa já saiu para namorar. Estou sozinha, sou vítima da crueldade, da infelicidade deles, o seu saco de pancadas. Eles gostam de mim? – pergunta meu coração. Às vezes parecem gostar.

Acho que nunca me senti tão injustiçada, tão vítima da ignorância, má vontade e desrespeito como essa vez. Demorei anos e anos para superar o ressentimento que cenas como essa causaram dentro de mim. Tão difícil perdoar uma pessoa que nos maltrata e desrespeita, mesmo que seja pai ou mãe. Uma vez assisti Millôr Fernandes falar de sua infância na televisão. Tão magoado, tão ferido! O sofrimento ainda era tão presente, as lembranças tão vívidas, que parecia que tudo havia acontecido no dia anterior.

Talvez meus pais não fosse tão duros, inconsequentes, violentos, desrespeitosos. Talvez fossem apenas como a maior parte dos pais da sua origem e classe. As pessoas tendem a criar os filhos como foram criadas e na geração de meus pais, em Portugal, não se costumava questionar se haveria outra forma de educar que não fosse espancando os filhos. Batia-se porque se tinha apanhado, era assim e pronto. Mimar, poupar uma criança, significava estragá-la, desprepará-la para a vida difícil que ela inevitavelmente iria encontrar.

Alguns anos atrás, minha prima Tininha me ligou aos prantos. Era Dia da Criança e ela tinha acabado de assistir na televisão uma reportagem sobre crianças esquecidas e maltratadas. Ao ouvir o depoimento delas pensou em nós duas e começou a chorar:

– Porque também fomos crianças feridas.

Sim, fomos. Crianças feridas, magoadas, criadas sem contemplação, numa época, num país e num meio social onde criança não tinha voz nem vez. Doía muito quando me maltratavam. Depois passou a doer cada vez menos. À medida que fui crescendo (não muito é bem verdade), os maus-tratos foram diminuindo até que por volta dos dezesseis cessaram completamente.

Em 1959 estava na quarta série e tinha praticamente me tornado uma celebridade. Júlio Gouveia me chamara outra vez, desta vez para fazer um papel importante: o de vilã numa telenovela infantojuvenil: *Angélica*. Centenas de meninas tinham sido chamadas para fazer diversos personagens, inclusive o papel central. Mas por alguma razão Júlio me mandou ler o papel da Alta e me saí muito bem. Como todo mundo assistia e vibrava com a história, quando eu passava na rua, era imediatamente reconhecida. Foi de longe minha melhor atuação.

– Olha a Alta! Olha a Alta!

Ao mesmo tempo que era muito agradável, também me deixava embaraçada. Quando entrava num ônibus abaixava a cabeça, com receio de ser reconhecida. Envergonhava-me o fato de a Alta, de tão nobre estirpe, na novela, estar andando de condução. De alguma maneira, temia que as pessoas ficassem desapontadas, pois esperavam que houvesse uma certa coerência entre a personagem e a atriz.

Um dia alguém me disse:
— Você é mais bonitinha pessoalmente que na televisão!
— Obrigada — respondo, agradecendo o elogio.
Finalmente, aos dezesseis anos o milagre aconteceu. Comecei a desabrochar. Tardiamente, mas consegui superar a aparência de menina e me tornar uma mocinha "bonitinha", mas ainda não tinha namorado.
Um dia porém chegando levantando a tampa da minha carteira, encontrei um bilhete.
"Quem é você? Eu sento nesta carteira no período da tarde e me chamo Luis Carlos".
Respondi imediatamente:
"Muito prazer. Mona Lisa."
A partir de então, todos os dias a gente trocava mensagens:
"Como é você, Mona Lisa?"
"Apenas um coração solitário."
"Perguntei como é você. Morena ou loura, cor de olhos, cabelos, coisas assim."
"Você só está interessado nas aparências?"
"Não muda de assunto: como é você?"
"E você, como é?"
"Alto, moreno, olhos castanho-escuros."
"Duvido".
"Quer me conhecer? Apareça à tarde."
"Você gosta de ler?"
"O que tem isso?"
"Gosta ou não gosta?"
"E você, gosta de baile?"
"Gosto. E de cinema também."
"Quer ir numa festa na Aclimação sábado à noite?"
"Meu pai não vai me deixar sair à noite."

"Você não acha que está na hora da gente se conhecer?"

"Você nem sabe como eu sou."

"Por isso mesmo. Quero te conhecer."

Conhecemo-nos numa sexta-feira à tarde, na saída do colégio. Ele era realmente alto e mais bonito do que imaginava. Mas quando abria a boca, não tinha o que dizer. Eu não queria um namorado para exibir, queria um interlocutor e ele só lia gibi, gostava de filmes do Elvis Presley e de *cowboy*, gênero que eu nem assistia mais. Eu preferia Elvis cantando, os filmes que ele fazia eram muito bobos.

– Que bárbara!

– O quê?

– Aquela lambreta! – apontou ele. – Quando fizer dezoito anos, vou ganhar uma do meu pai.

Além de lambretas, seu interesse limitava-se a discos e roupa, cujas cores combinava com perfeição.

– Comprei na rua Augusta. Mora o Tony Campelo? Tem uma igual.

A primeira vez que ele passou a mão no meu ombro, me afastei.

– O que foi?

– Não quero.

– A gente não tá namorando?

– Desculpe, mas mudei de ideia.

– Nossa, que mina mais escamosa!

Deixei-o falando sozinho na porta do cine Ritz e atravessei a rua da Consolação para pegar o bonde até o centro da cidade. Estava calçando sapatos salto sete, um verdadeiro tormento, quando um fusca parou:

– Onde vai essa uva?

Virei o rosto para o outro lado, fingindo que não tinha escutado.
— Quer uma carona, broto? — ele perguntou.
Ergui o nariz e continuei ignorando o atrevido. Quem ele estava pensando que eu era para entrar sozinha no carro de um rapaz?
Subi os degraus do bonde muito digna e me sentei ao lado de uma senhora idosa. O fusca emparelhou com o bonde e o sujeito buzinou pra mim. Era um pão.
— Esses moços de hoje em dia... — suspirou a mulher.
— Pois é... — disse eu, confortada pela ideia de que finalmente era uma moça como as demais. Mas não queria um namorado bonito, bobo e vazio como o Luis Carlos. Queria alguém com quem eu pudesse aprender, alguém para admirar. Sem isso, eu pensava, não haveria condições de me apaixonar. O fusca, entretanto, continuava seguindo o bonde e a buzinar.
— Acho que é com você — disse a senhora.
— Será? — perguntei muito sonsa ao mesmo tempo que sorria intimamente. Não queria nada com o sujeito do fusca, mas me agradava a ideia de estar sendo seguida e cortejada.
Quando desci na Xavier de Toledo e contornei o prédio da Light, o fusca entrou no Viaduto do Chá e parou.
— Posso falar com você? — ele perguntou ao me alcançar.
Caminhava muito empertigada, temerosa de tropeçar, amaldiçoando o inventor dos saltos altos, e o rapaz me acompanhando.
— Onde está indo com tanta pressa, broto?
— Não amola! — falei sem convicção olhando para o outro lado.

O vale do Anhangabaú anoitecia, e as luzes dos prédios lentamente se acendiam. Aquele rapaz insistente continuou me seguindo até o ponto de ônibus na praça Clóvis Beviláqua. No dia seguinte saí com ele e começamos a namorar. Viriam outros namorados, eu viveria muitos amores, mas permaneceria para sempre fiel aos que me acompanharam durante minha adolescência atormentada: Mark Twain, Eça de Queiroz, Machado de Assis, Carlos Drummond de Andrade, Manuel Bandeira, Vinicius de Moraes, Jack London, Jorge Amado, tantos meu Deus, tantos... Eles prepararam o caminho dos que viriam depois.

OBRAS DA AUTORA

A Resistência, teatro, MEC-FUNARTE-SERVIÇOS NACIONAL DE TEATRO, 1977.

De Braços Abertos, teatro, Rio de Janeiro, Memórias Futuras, 1986.

Luísa, quase uma história de amor, romance, Rio de Janeiro, Nova Fronteira, 1986.

Aos meus amigos, romance, São Paulo, Siciliano, 1992.

Dercy de cabo a rabo, biografia, São Paulo, Globo, 1994.

Querida mamãe, teatro, São Paulo, Brasiliense, 1996.

Intensa magia, teatro, Caliban Editorial, 1996.

COLEÇÃO jovens inteligentes

A Hora Certa - Eliana Sabino
A Mais Bela História do Mundo - Fábio Lucas
A Vida em Pequenas Doses - Elias José
Arca de Noé e outras histórias - Orígenes Lessa
As Boas Más Companhias - Herberto Sales
Biba - Ary Quintella
Bola no Pé - Maria Alice Barroso
Coração Solitário - Maria Adelaide Amaral
Detetive Fora de Série - José Louzeiro
Dia de Aninha - Ciça Alves Pinto
Divina Flor - Marcos Santarrita
Estórias da Mitologia 1: Eu, Zeus, o Senhor do Olimpo - Domício Proença Filho
Estórias da Mitologia 2: Nós, as Deusas do Olimpo - Domício Proença Filho
Estórias da Mitologia 3: Os Deuses, Menos o Pai - Domício Proença Filho
Gamação - Ferreira Gullar
Lembranças Amorosas - Francisco Gregório Filho
Memórias de um Bandeirante - Sonia Sant'Anna
O Asteroide - Lúcia Machado de Almeida
O Bicho-carpinteiro - Roberto Athayde
O Portal das Montanhas - Mara Carvalho
Por Acaso - Edla van Steen
Um Sonho no Caroço do Abacate - Moacyr Scliar
Uma Aventura na Floresta - Maria Clara Machado
Vida, Paixão e Morte do Herói - Autran Dourado

GRÁFICA PAYM
Tel. (011) 4392-3344
paym@terra.com.br